JN055801

最後の弟子が松下幸之助から学んだ経営の鉄則

The Principle for the Management

江口克彦
Katsuhiko Eguchi

フォレスト出版

はじめに

書くということは、プラモデルの組み立て作業に似ている。あちらこちらに散らばっている部品、すなわち、その時々の断片的な思考を組み合わせることで、ひとつの完成品が出来上がる、文章を書き上げることが出来る。それによって、自分の考えを確認し、そこで初めて、いわば、「自分の思想」が形成されていくように思う。

日頃、あれやこれや、事ごとに思うことがある。が、それをもって、全体を推測し、語る器用な人もいるが、私は不器用だから、そのような鮮やかな手品をすることが出来ない。頭の中で思考しながら、自然に醸成され、組み立てられていくのを待つ以外ない。

そういうことで、小さなプラモデルを不完全ながら、完成するたびに、2年余りの間、おおよそ2週間に一篇ずつ纏《まと》め、Facebook に載せ続けた。結構多くの方々に反応して頂いたと思う。

その数130篇前後になった頃、畏友・中村由紀人氏が、これらをまとめて一冊の本にしてみないかと声をかけて頂いた。すべてをまとめると、ゆうに500頁《ページ》を超える分厚い本になる。思案していると、同氏が、経営的な内容、松下幸之助に関する内容だけを抽出し、経営者、ビジネスパーソン向けに、纏めたらどうかと言う。そして、フォレスト出版株式会社の太田宏社長の厚意によって、かく上梓の運びになった次第である。Facebookの掲載コメントで、書籍化されるのは、多分、初めてのことではないかと思う。中村氏、太田社長には深謝申し上げる。

また、本書の上梓にあたっては、特に、同社出版局局次長の稲川智士氏に、１３０篇前後の中から75篇の抽出、校正、レイアウト、書名をつけて頂くなど、大変なご尽力を頂いた。記して、謝意を表する次第である。

加えて、フレンズ・ホールディングスの渡部行雄社長、並びに、サラビオ温泉微生物研究所の濱田茂会長には、日頃から、格別のお力添えを頂いている。この場を借りて、両氏に厚くお礼を申し上げることをお許し頂きたい。

本書が、一人でも多くの経営者、ビジネスパーソンにとって、経営を考える、仕事を考える、自分を、今を考える、なんらかのヒントにして頂けるならば、望外の幸せである。

令和三年二月一日

香里園にて　江口克彦

最後の弟子が松下幸之助から学んだ経営の鉄則◆目次

第2章　経営者は哲学がなければならない……59

第3章 言葉ではなく心を読み取る

第4章 松下幸之助の「経営知」を知る

第5章　良き指導者は己《おの》れを律するを知る

283

第1章

困難にあっても経営理念は揺るがず

「こけたら、立ちなはれ！」

失敗は当たり前
失望する必要もない
絶望する必要もない
反省して
思い切って立ち上がれば
絶望の淵《ふち》は
案外と浅いものである

人生というものは、おおよそ、失敗の連続、悩み苦しみの連続。それが当たり前だと思う。なにせ、明日がどうなるか。お釈迦《しゃか》様でも、神様でもない人間に、未知の明日が分かるはずもない。人生は、まさに暗闇《くらやみ》を手探りで歩くようなものだ。

だから、一生懸命、生きていても、歩いていても、暗中模索の人生。石につまずくのも当たり前。水溜《たま》りに落ちてしまうのも当たり前。壁にぶつかるのも当たり前。むしろ、上手《うま》くいくこと、成功することのほうが、稀有《けう》なことなのだと思う。

ゆえに、失敗したから、壁にぶつかったから、水溜りに落ちたからといって、なにも失望をする必要もなければ、まして、絶望する必要など、さらさらない。当たり前のことだ。

もちろん、つまずかず、落ちることもなく、ぶつかることもなく、思うところにたどり着き、成功することもあるが、それは、たまさか、運がよかった、まさに、「盲亀《もうき》の浮木《ふぼく》」（※参照）の譬《たと》えの通りであろう。

だから、石につまずき、水溜りに落ち、壁にぶつかって、失敗しても、なにも絶望することはない。人生、道はいくらでもあるものだ。

ただ、暗闇の中で、なぜ、石につまずいたのか、なぜ、水溜りに落ちたのか、なぜ、壁にぶつかったのか。しばし、考えてみる。しばし、反省をする。その「考えてみること」が大事。その「反省すること」が大事。

そうして考え、反省し、その失敗を踏み台にして、次に成功すれば、石につまずいたことも、水溜りに落ちたことも、壁にぶつかったことも、失敗とは言えないことになる。

だから、もし、つまずいたこと、落ちたこと、失敗したことを反省し、踏み台にして、結果として、思ったところに辿《たど》り着き、成功すれば、人生において、失敗などあろうはずがないと言えるかもしれない。

事実、松下幸之助さんは、ほとんどすべてにおいて成功している。もちろん、それは、失敗が絶無だということではない。幾《いく》たびも幾たびも失敗している。

しかし、幾たびの失敗も、反省し、新たな歩き方を考え、その失敗を踏み台にしたから、結果、成功したということである。言葉通り、「転《こ》けたら、立ちなはれ。立ったら、歩きなはれ」を実践したからである。

坂本龍馬が、「人の世に失敗ちゅうことは、ありゃせんぞ」と言ったというが、まさに正鵠《せいこく》を射《い》ていると思う。

明日どころか、一寸先も闇の道を歩いている我々は、つまずき、ぶつかり、落ちることが当たり前と思い定めて、反省しつつ、その失敗を踏み台にして、新たな歩き方を考え、成功の、またなにより、納得の人生を歩いていきたいと思う。

要は、失敗しても、絶望することはないということ。「絶望の淵」は、案外と浅いものだということである。

※盲亀の浮木（もうきのふぼく）
出会うことが甚《はなは》だ困難であることの譬え。また、滅多にない幸運に巡り合うことの譬え。

大海の深海に棲《す》む目の見えない亀が、百年に一度、海面上に出てきたとき、たまたま穴の開いた浮木の、その穴に入るということ。すなわち、滅多にあり得ないこと。人間として生まれることの、あり得ないこと。有難いこと。また、仏法に出会うことが、極めて困難なことをいう（『雑阿《ぞうあ》含経《ごんぎょう》』『涅槃経《ねはんぎょう》』）。

人間としての責任を全《まっと》うする

人間は
罪の子でもなければ
卑小《ひしょう》な存在でもない。
とてつもなく大きな善行も
とてつもなく大きな悪行も
為《な》し得る
とてつもなく大きな存在で
あるがゆえに

人間は自分の行動・行為に責任をもたなければならない

鴨長明《かものちょうめい》の『方丈記《ほうじょうき》』を知らない人はいないだろう。清少納言《せいしょうなごん》の『枕草子《まくらのそうし》』、吉田兼好《けんこう》の『徒然草《つれづれぐさ》』と並び、日本の三大随筆と言われている。

冒頭の文章を諳《そら》んじている人も多いと思う。「ゆく河《かわ》の流れは絶えずして、しかも、もとの水にあらず。よどみに浮ぶうたかた（＝泡）は、かつ消え、かつ結びて、久しくとどまりたる例《ためし》なし。世の中にある、人と栖《すみか》と、またかくのごとし」。

そして、『方丈記』の前半は、これでもか、これでもかと、この世の無常を綴《つづ》っているが、後半は、こういう生きにくい世から離れて、出家遁世《とんせい》し、方丈の庵《いおり》を建てて住み、いわば、心身永閑《しんじんえいかん》（心も身も、永くゆったりと静かに過ごす）の様子を書き綴っている。いわば、前半は、「無常の文学」、後半は、「逃避の文学」と言える。

この頃、日本はもちろん、世界中の多くの人々が、中国武漢の生物科学研究所から漏洩《ろうせつ》したともいわれるコロナウイルスによる肺炎に罹患《りかん》して、苦艱《くかん》する人々、あるいは、死にゆく人々は後を絶たず、人影のない街は、静まり返り、死の街と化し、この『方丈記』の前半にある「無常」の、写し絵さながらでもある。

このままでは、ひょっとすると、人類は絶滅するのではないかと嘆《なげ》く人さえいる。まさに、この世の地獄絵巻である。しかし、この地獄絵巻は、人間が、「人間」を忘れた、あるいは、「人間」を無視して描いた絵巻であることは間違いない。

人間が「人間」を忘れ、科学の妖艶《ようえん》な毒花《どくばな》に魅惑され、その蜜を追い求め、毒花から毒花へと飛び回っているうちに、地獄のすぐ近くの狂花まで飛び移り、無意識のうちに、みずから、地獄の門を飛びくぐろうとしているのではないか。だが、この地獄の門をくぐってはならない。くぐらせては、人間は絶滅する。

では、この地獄の門をくぐらせないようにするのは、誰なのか。行き過ぎた行為を、元に戻すのは、誰なのか。祈れば、神仏が、その門扉を閉じてくれるのか。元に戻してくれるのか。鴨長明のように、人間が、山に籠《こも》れば、事が済むのか。

『方丈記』の冒頭にあるように、コロナ騒動が、この世の無常を人々に感じさせるのは事実だろう。しかし、万物の霊長としての人間がつくり出したこの悲惨さを、人間自身が、「この世の無常」として看過《かんか》することは許されまい。人間が、自分でつくり出したことを刮《かつ》目《もく》直視して、人間自身が責任をもって解決していくべきではないか。

そして、コロナ騒動を、しっかりと解決するだけでなく、これを機に、人間は、「人間の行き過ぎた、あらゆる傲慢《ごうまん》」が、実は、「人間万物同等」という無責任な考えから生み出されていることを知らなければならない。その考えを直ちに見直して、人間は、万物それぞれの役割を容認しつつ、「人間大事の哲学」を強固に構築しなければならない。そして、それを共有することこそが、今、人間に求められているのではないか。また、その責任ある人間哲学からはじめて「万物への限りなき愛情」が生まれてくるのではないか。

なぜなら、「人間大事」ならば、人間は、万物の霊長として、万物の、いわば最上段に立っているゆえに、人間が万物の一つでも破壊すれば、すなわち、一つでも階段を破壊すれば、人間の立っている最上段が瓦解《がかい》崩壊するからである。

ゆえに、万物の最上段に立っている人間の責任は、まことに大きいと言える。そのことを自覚しなければなるまい。人間は、この宇宙の中で、その巨大さ、強力さを自覚すべきだろう。「万物との共生」は、人間が人間の巨大さを自覚してはじめて、可能となる。

人間の巨大さを認識、理解すること、いわば、人間は、自身が、「偉大、かつ剛腕の無敵のボクサー」であることを認識、自覚することが大事ではないかということである。その拳《こぶし》の使い方によっては、リング上で素晴らしい試合をすることが出来るし、一方、また逆に、街中で、人を殺す凶器にもなることを、しっかりと認識しておかなければならない。

コロナ騒動をきっかけに、今一度、人間は万物に比すべくもない巨大、かつ強力な存在であること、すなわち、人間の偉大さと、それに見合う責任、そして、自身が想像を超える凶器を持ち合わせていることを自覚すべきではないかと思う。

人間は、罪の子でもなければ、卑小な存在でもない。いや、むしろ、「とてつもなく大きな善行も、とてつもなく大きな悪行も為し得る、とてつもなく大きな存在」という哲学を人間が共有しなければ、いつまでも、心身永閑《しんじんえいかん》の世は実現できないだろう。鴨長明のように、山奥に逃げてはならないのである。

野火《のび》焼けど尽きず春風吹いて又《また》生ず

人生というものは
常に難事が
立ちはだかるもの
しかし
真正面から
誠実に取り組めば
必ず
春風が吹くときが
来る

唐《とう》代中期の詩人・白楽天《はくらくてん》（白居易《はっきょい》）は、多作な詩人。現存する詩文の総数は4000近く、唐代の詩人の中でも最多であり、詩の内容も多彩であるという。

その詩は、平易で、伸び伸びとしている。一説によると、詩をつくるたびに、文字の読めない老女に読んで聞かせ、理解できなかったところは、老女が分かり易《やす》い表現に改めたらしい。

彼が、十五、六歳のときに作った詩に、「賦得古原草送別」（＝古原の草をふしえて送別す）がある。その詩の中に、「野火焼不尽　春風吹又生」（のびやけどつきず　しゅんぷうふいてまたしょうず）という一節がある。この言葉は、45年ほど前、盛毓度《せいいくど》という中国人から教えてもらい、覚えている。

簡単に言えば、「野焼きで、草々が焼き尽くされ、真っ黒になった野原でさえ、春になれば、必ず新しい命が芽吹いてくる」ということだろう。

人生というものは、常に難事が立ちはだかるものだと言えよう。幾多の困難に出くわし、また、数多《あまた》の解決できないような問題にぶつかるものだ。まさに、「真っ黒」になるときが多い。

例えば、予想もしない災難で、経営がどうにも打つ手が見つからず、立ち往生することもあるだろう。また、思いがけない災害、天災で、愛する人を失うこともあるだろう。あるいは、人間関係が拗《こじ》れに拗れ、ときに、イジメられ続けることもあるだろうし、さらに、突然に難病に冒されるということもあるだろう。金銭で、思いがけず親友から裏切られ、路頭に迷うこともあろう。

しかし、どのような困難苦難も、それに真正面から誠実に取り組み、処していれば、必ず乗り越えていく道が拓《ひら》けてくるだろうし、たとえ、乗り越えられなかったとしても、自分自身の成長の出発点になり、別の道を見つけ、その道で大きな成果をあげることが出来る、「又生ず」ることが出来るだろう。

それは、野火（のび、やか）で焼き尽くされ、真っ黒になった野原が、春風が吹くようになると、また草々が新しい命を芽吹き、再び青々とした緑の絨毯《じゅうたん》になるのと同じである。

今、新型コロナウイルス感染症で、すべての人々、すべての会社が困難を強いられ、苦難にのたうち回っている。厳しい状況におかれている。しかし、コロナ惨禍《さんか》は、ときが来れば、必ず、終わる。必ず、春風が吹くようになる。

だから今、結果はどうであれ、お互いに励まし助け合って、一人ひとりが、それぞれに、希望を捨てず、悔いのない、懸命な努力、精一杯の辛抱だけはしておきたい。やるべきことはやり、打つべき手は打っておきたい。

まさに、先の大戦時、昭和天皇の玉音《ぎょくおん》放送の終戦の詔書《しょうしょ》にある「堪へ難キヲ堪へ忍ヒ難キヲ忍」ぶときであろう。そうして、先人が、「萬世ノ為ニ太平ヲ開」いたように、我々も心を定めて、「コロナ後の日本」を立て直す決意をしたい。その希望を持ちたい。

「野火焼けど尽きず　春風吹いて又生ず」。今、心の隅に置いておきたい言葉だと思う。

今日為《な》すべきことを今日為すこと

やるべきことを先延ばしする
責任を回避するばかり
そのような寒苦鳥《かんくちょう》のような
政治家たち、経営者たちが
多過ぎはしないか

昔、雪深い山に、寒苦鳥という鳥がいた。

普通の鳥ならば、餌《えさ》を求め、巣をつくり、卵を抱いてヒナを育てるなど、それなりの苦労があるだろう。ところが、この寒苦鳥という鳥は、翔び回り、遊び呆《ほう》けるばかり。もちろん、巣づくりなどしないという。

暖かい季節ならばともかく、寒い季節になると、夜は、昼とはうって変わって、厳しい寒さ。とりわけ、夜明けの寒さが身に沁《し》みる。その寒さに、巣づくりを怠った寒苦鳥は、昼間、遊び呆けてしまったことを後悔する。

寒さで雌は、「殺我寒故」＝「こんな寒くては、きっと凍死する」。

そこで雄は、「夜明造巣」＝「夜が明けたら、巣をつくろう」と決意する。

ところが、日が昇ってくると暖かくなり、夜の寒さのことはすっかり忘れて、終日遊び呆ける。

そして、夜になると、また震えながら後悔し、「殺我寒故」「夜明造巣」、明日は巣をつくろうの繰り返し。

だから、春になると、森の岩間のあちこちに、寒苦鳥の凍死体が見つかると言われている（仏教説話）。

人も同じではないか。そのときは後悔し、「明日から頑張ろう」と思う。「明日は、きっと実行しよう」と思う。しかし、思うけれど、明日になると、昨日の後悔は忘れて、怠け遊び呆ける。

個人ならまだ、自分一人の不幸で済むだろう。あるいは、自己責任で済まされるかもしれない。しかし、経営者、政治家などの指導者では、とうてい許されることではない。

指導者として、今日為すべきことは、きっと為さなければならない。指導者として、今日取り組むべきことは、必ず取り組まなければならない。

政治家は、己の利害を超えて、敢然《かんぜん》と、また毅然《きぜん》と、国家国民のために、挑戦実行すべきではないか。経営者は、己の損得を考えず、敢然と、また毅然と、社員、顧客のために、挑み、邁進《まいしん》すべきではないか。

いずれにせよ、「寒苦鳥ばかりの指導者」「先延ばしするばかりの政治家」「責任回避するばかりの経営者」が、昨今の日本には多過ぎはしないか。

このままでは、わが国は、奈落《ならく》の底に落ちるだろう。

がんばれ！　経営者！　必ず朝が来る！

規模の時代は
終わった
「岩石企業」より
「ダイヤモンド企業」を
目指すべきである

いつも、講演依頼者、場所等は、原則として書かないことにしている。しかし、今回は、特別。古巣との関係があるので、敢《あ》えて書き記してみる。

久しぶりに、石川県の金沢に出かけた。金沢には、芝寿《しばず》しの畏友、梶谷晋弘・眞理夫妻との関係もあり、ＰＨＰ総合研究所の社長のとき、参議院議員になる前までは、しばしば講演に出かけていた。

ＭＢＣ金沢松下幸之助研究会の主催、５周年記念講演会ということで、植茶泰男氏から、2年ほど前に、お誘いを受けていた。

最初は、確か、30名ほどの参加者と連絡を受けていたが、行ってみると、会場には、１５名ほどの、会場に溢《あふ》れんばかりの参加者の皆さん。びっくりしつつ、感謝。

正面の演壇の後ろに吊り下げられた垂《た》れ幕に、「がんばれ！　経営者！　必ず朝が来る！」とあった。思いつくままに、おおよそ、次のような話をした（と記憶している）。

1.「心を許して遊ぶような者は、経営者たる資格はない」（松下幸之助）
2.「『勝てば官軍』の経営をしてはいけない」（松下幸之助）
3. Compliance（コンプライアンス法令遵守）より、Humaliance（ヒューマライアンス人間遵守）が大事→法に触れない経営ではなく、人道に触れない経営をすること。
4. 経営は、①合理化（ムダを省く）→②効率化（業務のスピード化）→③成長戦略（常に、次なる事業戦略を持つ）の３項目と、その順番が大事であること。
5. これからの経営者は、①変身経営、②コラボ経営、③駆逐艦経営、をこころがけること。
6. 規模の経営の時代は終わった。「岩石企業」より、「ダイヤモンド企業」を目指すべきであること。
7. 経営者は、どのような困難なときにも、松下幸之助さんの言っていた通り、「行き詰っても、行き詰っていない」と考えることが大事。
8. 行き詰った。と、へたり込んだら、知恵も勇気も、新しい道も、考え出すことは出来ない。
9. 私が、経営者として開眼した松下幸之助さんの言葉は、「きみ、わしの通りに、やるんやったら、きみは要《い》らんで！」

10．がんばれ！　経営者たち！　道はいくらでもある！

多くの方々と名刺交換、また、記念撮影をしたが、何人かの女性の方が、20年前、25年前の、拙著を持参されたことには、とりわけ、感動した。感謝以外になかった。

それにしても、主催者の方々の念入りな準備に感服し、また、参加者の皆さんの熱心さと明るい雰囲気には、大いに楽しませていただいた。また、主催者幹部の皆さんと、講演会、懇親会後、夜11時半ごろまで、問われるままに話し続けたが、これほどまでに、松下幸之助さんに関心を持っていただいているのかと、涙流るる思いであった。

とにかく、素晴らしい5周年記念講演会であった。これからも、このMBC金沢松下幸之助研究会が、10年、20年と、ますます充実、発展することを期待してやまない。

金沢の皆さんが、松下幸之助さんの「言葉」ではなく、松下幸之助さんの「心」をこそ、学び、語り続けて欲しいと願いつつ、翌日、金沢駅を発った。

「何事も、出来ん、と考えたらあかんな」

夜を恐れるな
朝は来る
必ず
来る！

石田退三《たいぞう》（1888〜1979年）という人をご存じだろうか。トヨタ自動車工業（現・トヨタ自動車）の社長、会長、相談役を務め、戦後のトヨタ自動車を立て直し、「トヨタ中興の祖」と呼ばれている人である。

石田退三さんは、無駄遣いを嫌い、無駄なお金を一切使わなかった。「自分の城は自分で守れ」という有名な言葉通り、とにかく、内部留保を増やし、借金することなく、自前で必要な設備を賄《まかな》う経営をした。

松下幸之助さんは、6歳年上の石田退三さんを、経営の師と仰ぎ、敬慕し、尊敬し、しばしば会いに行っている（松下幸之助著『縁、この不思議なるもの――人生で出会った人々』）。2人は、幼くして奉公に出て厳しい丁稚《でっち》生活を経験していること、経営観が同じという共通点があったことのためか、話というか、気が合ったようだ。

その石田さんが会長の頃、松下電器は、トヨタにカーラジオを納入していた。ところが、トヨタから、カーラジオの納入価格を20％下げて欲しいと要望が来た。1961年、昭和36年であった。

さあ、どうするか。事業場の幹部たちは困った。というのは、もともと、3％の利益しかないからだ。3％の利益のところに、トヨタからの要望は、直ちに5％、さらに半年後までに15％、合計20％の納入価格引き下げである。

幹部、技術者たちは、連日のように会議をし、検討を続ける。ある検討会議のとき、たまたま松下幸之助さんがその会議室を覗《のぞ》くと、幹部、技術者たちは、「そういうことで、会議をしています」と言う。

当時、貿易自由化に直面して、トヨタは、輸入車（外国車）に対抗すべく、徹底的な合理化を図っていた。その事情を承知していた松下さんは、次のように指示を出す。

「トヨタさんは、日本の自動車産業を維持、発展させていくために、日夜、心を砕いて努力しておられる。何としてもこの要求に応じなければならない。性能は絶対に落とさず、先方の求めに従い、値下げしてなお適正利益があがるように、設計や工程を根本的に見直してはどうか」（『松下幸之助小事典』）。

「ところで、君たちは、今までの製品を、テーブルの上に並べ見ながら、ああでもない、こうでもない、と議論しとるが、そういうことでは、トヨタさんの要望に応えられる製品は、でけへん。テーブルの上の製品をすべて片付けや。そして、今までの製品を前提に考えるのではなく、一から考える、白紙から考えるということをせえや、と、わしは言うたんや」と、あるとき、話をしてくれた。

結果、1年ほどで、技術者たちは、「白紙からの発想」で、トヨタさんの20％の値下げを実現するだけでなく、なんと10％の利益まで確保することに成功した。

松下幸之助さんは、「石田さんは、偉い人やったなあ」と話すたびに、このカーラジオの一件を話してくれた。そして、「何事も、出来ん、と考えたらあかんな。どうすれば出来るかを考えんと。まあ、行き詰っても行き詰っておらんと、そういう心持ちで考えんとな（『松翁論語』事にあたって 参照）。そういうふうに考えることが大事や。困ったとき、行き詰ったとき、今までのものを改善、改良して、と考えてたら、あかんわ。出来へん。ゼロから発想することが大事や、早い話」。

今、すべての零細、中小企業、多くの大企業が、中国武漢からの新型コロナウイルス感染症の世界蔓延《まんえん》、パンデミック（感染症の世界的流行）で、如何《いかん》ともしがたい、手の打ちようもないほどの苦境に立たされている。小売業のいくつかは廃業せざるを得ず、また、中小零細企業のいくつかも倒産し始めている。

まさに想定外の事態に、万事休している。考えても、打開策が見当たらない。悩み苦しんでも、どうにもならない。もう、おしまいだ、とヘタリ込んでしまうのも仕方ないだろう。

しかし、ここは呆然と、あるいは、狼狽《うろた》えるのではなく、しっかりと事実を凝視し、見つめ、打つべき手を尽くしたうえで、今の事業を、仕事を、「白紙」に戻して、今一度、これまでの事業を続けるか、新しい事業を考え、抱き合わせるか、新しい事業に転換するか、あるいは、一時廃業するか、冷静に、「ゼロからの発想」で考えてみてはどうか。「道はいくつもある」（松下幸之助著『道をひらく』見方を変える）。

台風のさなかに、ジタバタして、表に飛び出し、家の屋根や雨戸の補修をしては、ケガをするだけでなく命も落としかねない。考えられる対策をしたら、むしろ開き直って、嵐が去ったあとどうするか、家を建て直すか、部分補修をするか、移築するか、移転するかを考えたほうが賢明というものかもしれない。

戦後の困難に比べたら、今の経営者は負けるわけにはいかない

デジタル時代の経営者が
アナログ時代の経営者に
負けるわけにはいくまい
自分が、先輩が
築いた会社、店を
潰《つぶ》すわけにはいくまい

畏友・虫明《むしあけ》正治氏が、玉置半兵衛著『あんなぁ　よおうききや――京の言の葉　しにせ

の遺心伝心』という本を、わざわざ届けてくれた。すぐ一読した。面白く、考えさせられる深い内容だった。

京都に、「半兵衛麩《ふ》」という老舗《しにせ》がある。元禄2年（１６８９年）創業ということだから、今年（２０２１年）で、３３２年ということか。

当然、１５３年前の明治維新も、昭和４年（１９２９年）の世界恐慌も、80年前の大東亜戦争（太平洋戦争）も経験している。特に、大東亜戦争中は、食糧難で、麩をつくる原料の小麦粉が手に入らなくなったため、商売が完全にできなくなる。それどころか、武器生産に必要な金属資源の不足を補うために、官民所有の金属類を回収する目的で制定された「金属類回収令」（昭和18年〈１９４３年〉）によって、鉄の焼き釜や機械を供出。麩をつくる道具も失う。

そして、昭和20年（１９４５年）終戦。しかし、商売を再開するにも、すべての財産を失ったから、再開どころか、立て直すことも出来ない。なにをすることも出来ない。

そこで、当時の主人（十代目）は、「商人の心構え」や、「人間の生き方」、「命の尊さ」などについて、息子（十一代目　本書著者）に、「あんなぁ　よおぅききや」（＝あのなあ、よく聞きなさいよ）と言って、折ふし、語り続ける。

そして、息子が主人に替わって代替わりすると、「半兵衛麸」は、見事息を吹き返し、今では、「京の老舗」として、京都を本店に、東京・銀座など、数カ所に店舗を展開。１４０名ほどの社員を抱える大店《おおだな》になっている。

今、新型コロナウイルス感染症で、多くの人たちが苦悩し、挫折感を覚えているが、七十数年前の日本は、この「半兵衛麸」だけでなく、ほとんどの会社、ほとんどの店舗などが、爆撃で破壊され、あるいは、生産機械を奪われ、道具を失い、仕事も出来ず、まったく経営どころか、国民は、その日、食べるに事欠いた。今の比ではなかった。

それを、我々の先輩たちは、煙くすぶる灰燼《かいじん》の中で、直ぐに思いを新たにし、数年を経ずして、会社を立て直し、店を再興し、わが国の繁栄を実現しているのだ。

それに比べるのは酷《こく》と承知で言えば、我々のほうが、まだ恵まれている。街が、社屋が、店舗が破壊されたわけではない。灰燼に帰したわけではない。

まして、デジタル時代のさまざまな可能性のカードを保持している我々が、アナログ時代の先輩たちに負けるわけにはいくまい。先輩の築いた会社、自分が起業した店を潰《つぶ》すわけにはいくまい。道はいくらでもある。知恵を出せば、生き残る方法はいくらでもあるということだ。

この「半兵衛麩」の例で言うならば、当時の主人が息子に、「商人の心構え」、「生き方」、「命の尊さ」などを、語り続けていることだ。おそらく、当時の主人も、その先代から教えられた話を根底にして、語り継いでいると思う。この「語り継ぐこと」が、今日の繁栄発展をもたらしたポイントだと思う。

今、もう、お手上げだ、これで倒産だ、おしまいだ、やることがないと、へたり込み、絶望して、なにもやることはない、と自分を捨て去るのではなく、息子に、後輩に、「語り継ぐこと」、「語り続けること」だけは出来る。いや、そのことが、「埋《うず》み火」となって、たとえ我々でなくとも、我々の後継者、後輩たちが、やがて再び、「野火焼けど尽きず　春風吹いて又生ず」となるだろう。

我々は、必ず復活する。お互いの会社は、必ず再起する。お互いの店舗は、必ず再興する。お互いがその思いを失わない限りにおいて、お互いの会社、お互いの店は、「半兵衛麩」のように、不死鳥のように、必ず蘇生《そせい》するだろう。

朝は来る。必ず、来る。

受け止め方しだいで時代は良きものへと変わる

事が成就し、
人間が幸せになる
そのような考え方をすべき
ではないか

2019年4月1日、年号が「令和」に決まった。その年号の、特に「令」という文字について、「これは、命令、指令、司令、あるいは、訓令というように、高圧的な言葉だ」と、ある学者が得々とテレビで解説し、「今の政権を象徴している」と言っていた。あるいは、「巧言令色《こうげんれいしょく》の令だ」と意味不明な解説をする学者もいる。

確かに、「令」には、そのような意味もあるが、逆に、令室、令嬢、令名などのように、「立派な」とか、「素晴らしい」とか、「よい」とかなどの意味もある。

辞書にも、①お告げ、いいつけ ②おきて、お達し ③よい、清らかで美しい ④相手の妻・兄弟姉妹などを尊敬していうことば ⑤おさ ⑥命令する（『漢字源』）とある。

どちらがどちらということであれば、国民が気分よく受け取れる解釈をしたほうがいいのではないか。

「令和時代」が、どれほど長くなるのかは分からないが、「令の字は、イヤな意味がある」と思いながら、日々過ごしていくのが、国民にとって幸せなのか、「令の字は、非常に良い意味がある」と思い続けながら、日々過ごしていくのがいいのか。おのずと答えは明らかだろう。

軽佻浮薄《けいちょうふはく》な学者、評論家の、いかにも物知り顔の「貧困な解説」は、決して日本及び日本国民にとって幸せにつながるものではあるまい。二つ、三つの選択があるなら、迷わず、「将来への幸せ」になるほうを選ぶべきではないのか。

堺屋太一さんが生前、いくつか進行しているプロジェクトに関わっていた。そのなかでは、小さなプロジェクトではあるが、堺屋先生が、「是非、やろう」と思い入れていたプロジェクトがあった。

しかし、堺屋先生が亡くなった途端、ガッカリした、気落ちした、落胆したと言って、そのプロジェクトを進めていた主人公が取り止めてしまった。

そういう受け取り方もあるかもしれないが、むしろ、堺屋先生の思い、意気込みを引き受けて、いよいよ、このプロジェクトを成し遂げようとは思わないのだろうか。この主人公の話を聞きながら、堺屋先生の逝去という事実を、このように受け止める人もいるのかと、怪訝《けげん》に感じた。

何事も、「事実」も大事だが、それ以上に「人間の幸せ」に繋《つな》がる考え方、「事の成就」に結びつく考え方を選択したほうがいいのではないだろうか。

松下幸之助さんが、よく、「その事実が人間に不幸をもたらすならば、事実は事実として大事にしつつ、結果、人間が幸福になる考え方を構築し、選択したほうがいい」と言っていたが、その通りだろう。

要は、どう将来につなげていく受け止め方をするかということである。お互いが、どう元気が出るように考えるか、どう人間の幸福に結びつけるように考えるか、どう事を成就させるように考えるかということだろう。

どのような事実も、前向きに捉えたほうが、個々人にとっても、好ましい人生、幸せな日々を過ごすことにつながるのではないかということである。

今こそ世の為《ため》、人の為の経営を

この頃の企業が

長期にわたって

平然と顧客を騙《だま》し

嘘《うそ》をつき欺《あざむ》く厚顔さは 日本の企業とは信じがたい

地震による建物の揺れを抑える免震・制振装置（ダンパー）メーカーのＫＹＢ（旧カヤバ工業株式会社）が、検査データを、なんと、15年以上の間、改ざんしていたという。

実名を公表したのは、70件。不正の疑いがある納入した製品は、９８７件というから、その公表数は、一割にも満たない。もし、今、大地震がきて、免震・制振装置の欠陥によって、死者が出た場合は、なんとするのか。

こうした企業による不正行為が後を絶たない。

２０１８年は、スルガ銀行の不正融資、ＳＵＢＡＲＵのデータ書き換え、はれのひの粉飾・詐欺。２０１７年は、神戸製鋼の品質検査データ改ざん。２０１６年は、スズキの燃費データ不正、三菱自動車の燃費データ不正。２０１５年は、東芝の不正会計、東洋ゴムの試験データ偽装、タカタのエアバッグ不具合など、書き尽くすことができない。
極端に言えば、毎月1社の大きな不正が明らかになっていると言っても過言ではあるまい。

どうして、このような企業による不正が続くのか。

それは、経営者たちに、「世の為、人の為」という「経営者としての使命感」がなく、ただただ、自社の利益のみ、また、経営者が自分の保身のみを考えているからではないのか。

不正をすれば、顧客に、世間に、迷惑をかけ、場合によっては、人々の命さえ、奪いかねない。そのことに思いをいたす経営者は、どこにいるのか。

たとえ、「自社滅すれども、人々の生活を守る、命を守る」という、企業人の使命に徹する、気骨、気概に満ちた「信念の経営者」は、いないのか。「人間大事」の哲学がないのか。

およそ、企業は、法的には、私企業であろうとも、「天下のモノ、天下のヒト、天下のカネ」を活用し、「天下の人々」に役立つ活動をしている、いわば「公の存在」と言えるだろう。そのような企業が、顧客を騙す、嘘をつく、欺くことを、「長期にわたって、故意に、平然と行う感覚」に、「経営者としての矜持《きょうじ》、誇り」はない。それこそ、「犯罪」ではないのか。まさしく「悪逆非道な悪代官」以外のなにものでもない。

不正を平然と続け、バレれば、頭を下げればいい。そのうち、嵐は通り過ぎると考えているとすれば、そのような経営者たちに、私は問いたい。「あなたがたは、人間の皮を被った獣か」と。

この話をしたら、知人の元官僚の人が、「ＫＹＢの担当者は、自分と同じ元官僚で、長年の友人です。極めて実直、温厚、優秀で、ヘッドハンティングされて、入社した人物ですよ」と擁護するようなご返事。すると、すかさず、傍《かたわら》にいたＳ氏が、「ならば、この担当者は、そのときに、この免震・制振装置の検査データを調べなかったのか」、「知っていたのか。知らなかったのか」と詰問したが、知人の元官僚の人からの回答はなかった。

この二人のやり取りを聞きながら、書類隠蔽《いんぺい》、書き換え、収賄、口利き、口裏合わせ、データ改ざん、偽装書類などが明るみに出た官僚たちも、不正会計、データ書き換え、燃費データ不正、試験データ改ざんなどの経営者たちも、もちろん政治家たちも、結局は、自己保身においては、たいして変わりはないように感じ、聞いていた。日本は大丈夫だろうか。

災禍を乗り越えるための『私説・立正安国論《りっしょうあんこくろん》』

善心に立ってはじめて（＝立正）
国家国民の
安寧を確保する（＝安国）
ことが出来る

ある人が訪ねて来て嘆《なげ》くには、「この頃、世の人々は、ただただカネを貪《むさぼ》るように求め、あるいは、指導者から若者まで、平然と嘘《うそ》をつき、また、お互いに裏切り合い、騙《だま》し合う。両舌、悪口《あっく》、貪欲《どんよく》、邪見《じゃけん》は目を覆うばかりである。

常に、相手のスキを見つけようとし、見つければ、そこを突いて相手を倒す。さらには、他人に迷惑をかけることに愉悦《ゆえつ》し、あるいは、淫《みだ》らな行為、詐欺行為を働くことに、なんの痛痒《つうよう》も感じていない。

親は平気でわが子を虐待し、虐殺する。子は親を殺す。家族だからといって、安心も出来ない。あるいは、目立ちたいだけの動機で、愚かな振る舞いをする。また、自分の思い通りにならぬとなれば、平然と暴力をふるい、時に他人はむろんのこと、伴侶でさえ殺害する。いわば、殺生《せっしょう》、偸盗《ちゅうとう》、邪淫《じゃいん》、妄語《もうご》の重罪を犯しているではないか。

さらには、自然災害、疫病《えきびょう》、とりわけ、中国武漢から発生した悪質な感染症は、あまねく世界中に蔓延《はびこ》っている。近年、これらによる死者は、数知れぬ。

政治に威勢なく、政治家も堕落腐敗し、人々は不安に苛《さいな》まれながら、その人々もまた、ひとかけらの良心もなく、まさに、この世は、麻の如《ごと》くに乱れ、生塵《なまごみ》の腐敗しているが如く悪臭に満ち満ちている。

天地の異変は、人々の想像を超えて、次々に襲いかかっている。このままでは、この地球上から、人間はひとりも存在しなくなるのではないかと案じている。どうして、このような世の中になったのか」と。

主人が、これに応えて曰《いわ》く、「そのようなことを考え、憂いているのは、あなただけではない。その因は、奈辺《なへん》にあるのか、私も考え憂いている。

大抵の人々には道義がないから、人よりカネを追い求め、道義がないから、互いに憎しみ、互いに争い、道義がないから、互いに誹《そし》り、道義がないから、互いに陥《おとしいれ》ている。

国同士も同じこと。それぞれの国に道義がないから、科学技術の進歩を悪用して、兵器も無人化、生物科学化の異形となり、奇怪な戦争とならんとしている。

また、わが国も、近隣国の賊どもによって、ついには、侵略占領（他国侵逼難《たこくしんぴつなん》）される恐れがあり、そうなれば、わが国の人々は、迫害され、飢え、塗炭《とたん》の苦しみを受け、安らかに生きていくことは出来ますまい。

さらには、これからも天変地異は次々に起こり、あなたが危惧《きぐ》する以上に、地震、津波、台風、河川氾濫《はんらん》、洪水などが起こり、また、疫病、感染症は、あまねく世界に広く蔓延《はびこ》っていく。とりわけ大地震は、いたるところで建物の壁や硝子《ガラス》を破り落下させ、家屋をことごとく崩壊させ、田畑を裂き、樹々をも根こそぎ倒し、食物も尽きるであろう。

確かに、このまま流れていけば、悪しき世界はますます増長し、人々が生死流転の奈落《ならく》の底に落ちるは必定。このままでは、この地球上から、あなたの言う通り、阿鼻《あび》地獄に落ちて、炎の底に沈む。

このような濁悪《じょくあく》の世になったのも、指導者から一人《いちにん》の民に至るまで、善心、すなわち、捨《しゃ》・閉《へい》・閣《かく》・抛《ほう》（捨てる・閉じる・やめる・放つ）の心を見失ったからである。

指導者をはじめ、人々が、自分を捨て、私心を閉じ、我欲をやめ、心を開くこと。自己中心の考えを捨て、我よしの考えを放擲《ほうてき》し、素直な心で、こだわらず、とらわれず、かたよらず、一切の物事を、見て考えて、思いやり、慈悲、仁をもって行動すること。そのとき、天災も鎮《しず》まり、人々が直面している阿鼻地獄を回避することが出来るだろう」と言う。

その人は、主人の話に、「なるほど、もっともな教えだ。これからは、あなたの心のこもった教えを仰ぎ、また、他の人たちにも教え戒《いまし》めていこうと思う」と言って帰っていった。

＊『立正安国論』……日蓮著

鎌倉時代、日蓮宗宗祖の日蓮が、執権北条時頼《ときより》に呈上した書。当時の天変地異は、法華経に背いた結果と断じている。その内容は激烈を極め、このような激しいことを宗教家が書いたことに驚くとともに、当時、日蓮の危機感が尋常でなかったことが分かる。

最後は命を懸《か》ける者が時代を変える

時代という舞台を
大転換させるためには
男も女も
命を懸ける覚悟が
求められている

京都河原町を散歩がてら、久しぶりに歩いてみた。この京都も外国人観光客ばかりだと思いつつ、ふと碑が立っていることに気づいた。

「坂本龍馬　中岡慎太郎　遭難之地」とある。ああ、ここに近江屋があったのかと、思わず立ち止まった。

坂本龍馬について知らない人はいないだろう。幕末、攘夷《じょうい》論を超えて、「明日の日本」を目指し奔走するも、1867年（慶応3年）年12月10日、ここ近江屋で、暗殺された。京都伏見の寺田屋と思っている人もいるようだが、暗殺されたのは、ここ近江屋である。

前年の1866年（慶応2年）1月23日、寺田屋では、龍馬の妻になるお龍《りょう》が、風呂に入っていると、その気配が異様であることに気づく。深夜の2時頃、幕府伏見奉行の捕り方30人ほどに囲まれていた。

いち早く気づいたお龍は、風呂から裸のまま裏階段を二階へ駆け上がり、投宿している三吉慎蔵《みよししんぞう》と共にいた龍馬に危機を知らせる。

そのときの状況を、司馬遼太郎は、『竜馬がゆく』で、こう描写している。

「(捕吏)と、思ったとたん、おりょうはそのままの姿で湯殿をとびだした。自分が裸でいる、などは考えもしなかった。裏階段から夢中で二階へあがり、奥の一室にとびこむや、

「坂本様、三吉様、捕り方でございます」と小さく、しかし、鋭く叫んだ。

竜馬はその言葉よりも、むしろおりょうの裸に驚いた。昂奮しているせいか、目にまばゆいほどに、桃色に息づいている。

「おりょう、なにか着《つ》けろ」と言いすて、三吉慎蔵をふりかえった。」（司馬遼太郎『竜馬がゆく』）。

お龍が裸であったとか、いや、帯はしていなかったが、袷《あわせ》を羽織っていたとか、諸説あるが、それはどちらでもいい。その寺田屋では、お龍の機転で難を逃れたものの、前述の通り、翌年、この近江屋で、何者かによって暗殺されている（暗殺者が誰か、これもいまだに諸説あり）。

それはともかく、桂小五郎（木戸孝允《たかよし》）を新選組の近藤勇《いさみ》から救った幾松《いくまつ》もそうだが、「時代」という舞台を大転換させるためには、男も女も、「命を懸ける覚悟」が求められるということか。

束の間、龍馬遭難の碑を見ながら、ふと、そのようなことを思った。

第2章

経営者は哲学がなければならない

松下幸之助の考えは空疎《くうそ》な哲学か

「参考書を引用していない」
「哲学書を参考にしていない」のは
「哲学」とは言えないのか
哲学とは
本来、己自身の頭の中だけで
創り出していくものではないのか

松下幸之助は、4歳のとき、父親のコメ相場の失敗で、家はもちろん、田畑《でんぱた》すべてを失い、一家10人（両親、姉兄本人）は、離散。

だから、幸之助は、小学校4年中退。しかも、家族は彼の10代に、ほぼ全員結核で死亡。

本人も肺尖《はいせん》カタルに罹患《りかん》。ゆえに、終生、病弱、蒲柳《ほりゅう》の質であった。

それはともかく、幸之助は、９歳のとき、大阪の船場で丁稚《でっち》として働き始める。そして、15歳の頃、大阪の市電を見て、これからの時代は電気の時代だと直感。23歳のとき、電気ソケット製造で、起業する。

いわば、徒手空拳《としゅくうけん》、ゼロからの出発。そして、70年間の事業期間で、会社を７兆円の世界企業に育て上げた。

かくの如《ごと》くに成功した理由を、松下幸之助さんが、自身の講演で、「なぜ、成功したのか」、次のような９つを挙げて話したことがある。

①自分が凡人であったこと
②人材に恵まれたこと
③方針を明確にしたこと
④理想を掲げたこと

⑤時代に合った事業をしたこと
⑥派閥をつくらなかったこと
⑦ガラス張りの経営をしたこと
⑧全員経営をしたこと
⑨公の仕事であると認識したこと

（詳細は、拙著『松下幸之助はなぜ成功したのか』東洋経済新報社刊）

この9項目を、私的《わたし》にまとめれば、⑴社員に誇りを持たせ、⑵社員を励まし、⑶社員に感謝し、⑷社員に感動を与えたこと。要は、社員の「やる気」を引き出したということである。

その根底には、「人間大事」という、松下幸之助の哲学が厳然として存在している。

彼のこの「成功要因」を、この「哲学」を、「こんなチャチな……」という人がいる。

ならば、この「チャチな要因」、「空疎な哲学」で、なぜ、７兆円の世界的企業を創り上げることが出来たのか、説明して欲しい。

そして、「チャチでない要因」、「空疎でない哲学」を示し、説明して欲しい。その「チャチでない要因」、「空疎でない哲学」で、７兆円の会社を創り上げて欲しい。

松下幸之助の考えを否定すべきではない、その哲学を絶対視すべきだと言っているのではない。

繰り返し申し上げるが、否定するなら、自分の考えを示すべきではないか。彼の成功要因、哲学をチャチと言うなら、チャチでない要因、空疎でない哲学を提示し、実証すべきではないかということである。

「哲学書を参考にしていないと、哲学とは言えない」、「参考書を引用していないと、哲学とは言えない」という人もいる。ならば、プラトンは、どのような参考書を勉強したというのか。ニーチェは、どのような哲学書を読んだというのか。

釈迦《しゃか》は、菩提樹《ぼだいじゅ》の下で瞑想し、悟りを開いた。禅宗の祖、菩提達磨《ぼだいだるま》は、面壁九年《めんぺきくねん》の座禅で、悟りを開いた。日本の曹洞宗の開祖、道元《どうげん》は、只管打坐《しかんたざ》、座禅の中から、悟りを開いた。だが、彼らは、なにか参考書を読んだのか。専門書を参考にしたのか。

もう一度、松下幸之助が語った、成功の9項目を、そして、その根底に在る「人間大事」の普遍的哲学を深く読み解いて頂けないか、深く考察して頂けないかと、切に思う。

平成の経営者たちの失敗を繰り返さないためにも、次世代の若い経営者たちに、松下幸之助の考え、哲学を読み解く努力をお願いしたい。それが、私の心からの願いである。

経営者に必要な三つの素質

経営者に必要な素質なき者が
経営者になることは

喜劇でもあり
悲劇でもある。

松下幸之助さんを、23年間、傍《そば》で見続けてきた私見からすると、経営者は、⑴経営センス、⑵判断力、⑶度胸の三つの素質を、少なくとも持っていなければならないのではないかと思う。

これらは、かなり先天的なもので、生まれ持っていない人が経営者になると、本人も苦労するし、社員も迷惑、そして、組織も崩壊し、会社も消滅への道を辿《たど》る。

それゆえに、経営者の素質のない人は、経営者にならないほうがいいということである。それは、歌手の素質のない人は、歌手にならないほうがいい。野球選手の素質のない人は、野球選手にならないほうがいい。政治家の素質のない人は、政治家にならないほうがいいのと同じである。

一つ目の「経営センス」とは、(a)好奇心＝先見力、(b)組織力＝統率力、(c)行動力といえるかもしれない。

いろいろなことに、興味を持つ、関心を持つ「好奇心」は、生まれつきのもの。なにごとにも好奇心を持ち、そこから経営のヒント、事業のヒント、新製品や新技術のアイディアを生み出す。あれは関心がない、これは自分の好みではない、今の若者のやっていることに興味がないという性格の人は、経営者に向かない。

加えて、組織力も、持って生まれた素質というか、性格のようなものと言える。人を集めて、一つの方向に進んでいこうとするならば、相当な組織力、統率力が必要。そして人々を組織して、どのようなときにも挫折しない、強烈な意志力がなければならない。

また、研究者、学者ではないのだから、多くの人たちを、一つの方向に統率していかなければならない。となれば、人心を読み、人々を、よし、やってやろう、この経営者のために、命をかけてやろう、この人についていこう、と思わしめる組織力、統率力がなければならない。

そのためには、自分を高みに置いて、周囲を睥睨《へいげい》していては、誰もついてこない。すなわち、「人間的魅力」、松下幸之助的に言えば「愛嬌《あいきょう》」がなければ、「組織力」はないと言える。

また、素早く行動することも、それがどうしても出来ない、というより、あれやこれや考えすぎて、物事が決められない、生まれつきの慎重居士《こじ》の人は、経営者、指導者に向かない。

二つ目の「判断力」は、この事業に挑戦すべきかどうか。その進め方は、どのようにすべきか。正しいのか。合法的であっても、人間的に適っているのか。そのような「判断力」が経営者になければ、事業は必ず失敗する。

「法律に触れないから、いい」と判断して実行するも、世間から道義的批判を受けて倒産した企業、消滅した企業は多い。また、「勝てば官軍」では、「当面の勝利」を得ても、「長い目で見れば、敗北」、すなわち、倒産消滅する。そのような「判断力」を生まれつき持っていないと、かくの如《ごと》くに、転落の道を、往々にして選択してしまう。

さらに、経営センスがあっても、判断力があっても、問題は、三つ目の「度胸」があるかどうかである。

事業は、つねに未知への挑戦である。新しく手掛ける事業に、経営者が、「恐怖」を感じるのは当たり前だ。その新しい事業が成功するか、失敗するかが、会社の命運に繋《つな》がる場合は、なおさらである。

百尺竿頭進一歩（ひゃくしゃくかんとういっぽをすすむ）、そこを踏み出し、実行する「度胸」が、経営者にあるかどうかである。

そして、それによって失敗したら、責任はすべて自分にあると、一切を引き受け、「切腹」することが出来なければならない。

要は、起業は、研究者でも学者でもできる。しかし、経営は、経営者としての素質がなければ、経営者には不向きであり、たとえ、経営者に推《お》されても、辞退すべきであろう。

ある統計によると、起業して１年後に存続している会社は、１００社中40社、５年後には１００社中15社、10年後には１００社中６社、20年後には、なんと１０００社中３社、30年後には、なんとなんと、１万社中２社とある。

起業家は、経営がいかに難しいものであるかを知っていなければならないし、また、経営者は、自省して、自分に「経営センス」「判断力」「度胸」のいずれか一つでも欠けていると思うならば、早々に経営者の役を下りたほうが、自分のためであり、会社の、いや、世の中のためだと認識し、退場すべきである。

松下幸之助さんには、持って生まれた、その卓抜した「経営センス」、的確な「判断力」、そして、その姿からは想像もできない「度胸」があった。

経営者にとって必要な「先見力」と「対応力」

サーカスの綱渡りをする人が
ロープから落ちたら
プロとは言えんがな

人口が減っていく。マーケットが小さくなる。お客が少なくなる。高齢化が進む。年寄りの客が多くなる。超高度技術が進展する。ロボットが人にとって代わる。やがて、人余りになる。人々の関心は、「名より実」に変わってくる。

電車の運転手がいなくなる。事務業務がなくなってくる。スーパーやコンビニのレジ打ちがいなくなる。山間部のガソリンスタンド、銀行の支店は確実になくなる。小売業は淘《とう》汰《た》されていく。大企業のリストラが恒常化する。このようなことは、疾《と》うの昔から言われていることである。

これから、汽車、電車の時代になるというのが分かっているのに、駕籠《かご》かき屋や人力車屋にしがみついていて、事業が発展するはずがない。駕籠かき業や人力車業を辞めて、新しい事業に挑戦するしかないだろう。

若い人たちが激減するのに、学校経営が成り立っていくはずがない。大学は大抵が消滅するし、少しずつ消滅してきている。大学だけではない。高校も中学校も小学校も消えている。

すべてが、ピークを前提にして計画され、建設されているが、今や、ピークのときは過ぎ去り、ピークでないことを前提にして経営を考えなければならない時代になっている。

当然、すべての会社、すべての店舗、すべての学校、すべてのその他のものは、そのことを前提にして、経営の明日を考えなければならない。

とすれば、(1)事業内容を変えていくか、(2)今の事業に相乗効果のある新規事業を始めるか、(3)事業規模を、いくら需要があっても拡大しないか、(4)見切りをつけて、余裕のあるうちに、廃業するか、4択しかあるまい。

そのような「読み」と「対応」が出来なければ、「プロの経営者」とは言えないだろう。

昔、松下幸之助さんが、私に、自分の立てた事業計画が、いつもその通りに成し遂げられ、銀行に感心され、信用されて、借り入れで、銀行から断られたことがなかった、という話をしてくれたことがあった（昭和50年〈1975年〉6月）。

「よく事業計画を、毎回、達成することが出来ましたね」と言うと、松下さんは、決まって、笑いながら、「キミ、サーカス、見たことあるか。綱渡りがあるやろ。その綱渡りの人が綱から落ちたら、かなわんわな。プロとは言えんがな。それとおんなじや。プロの経営者なら、自分の立てた計画が達成できんとするならば、プロの経営者とは言えんよ」というようなことを言ったことがある。1年先、3年先、5年先、10年先の「時代」を見通し、対応することが出来たからであろう。

まして、今日ほど、先が読める時代はない。今日ほど、経営の選択肢が多い時代はない。にもかかわらず、経営者が戸惑い、店主が悩んでいる姿を見ると、経営者の資格がない、「プロの綱渡りの資格」はないのではないかと不思議に思う。

商売は、正売である

道徳は
実利に結びつく
嘘《うそ》をつかない
騙《だま》さない
裏切らない
誠実な商売が
利益を生み出す

「商売」とは、「正売」ということではないか。「正しい売り買い」をして、はじめて、「商売」なのではないか。

では、「正《しょう》」とは、なにを意味しているのか。「正《せい》」とは、「誠《せい》」を意味していると考えられないか。ゆえに、商売は、「誠実なる売り買い」でなければならないということになる。
「誠実」とは、道徳教育の中でも重要項目の一つであり、『広辞苑』には、「他人や仕事に対して、まじめで真心がこもっていること」とある。確かに、「誠」という字は、「言＋成」である。すなわち、自分で「言」ったことは、必ず、「成」し遂げるという意味だろう。

具体的に言えば、⑴人に嘘をつかない、⑵人を騙さない、⑶人を裏切らない、ということに尽きるのではないか。その誠実さが欠如すれば、「商売の成功」は、覚束《おぼつか》ないと思う。なぜならば、商売は、「信用」に基づかなければ、成り立たないからである。

その「信用」には、「誠実さ」が絶対必要条件。いわば、「誠実という種子《たね》から、信用という花が咲く」からである。

要は、「正売」とは、言い換えれば、「道徳に基づいた商売」だということである。
「道徳は、実利に結びつく」とは、松下幸之助さんの言葉である。

「道徳というものは、人間生活の各面に、直接的間接的に、あるいは、小乗《しょうじょう》的にも大乗《だいじょう》的にも（心的にも物的にも）、実利実益をもたらすものだと言ってもよい」（冊子『道徳は実利に結びつく』14頁）。

「誠実な商売」＝「正売」、すなわち、「道徳に徹した商売」が行われるならば、極端に言えば、契約書がなくても、取引は正しく履行され、契約書の作成コストも、また、契約に要する時間も削減され、その分、価格は抑えられ、利益も確保できるということになる。

なにより、「正売」、「道徳に適《かな》った、まっすぐに徹する会社、企業」が、結局は発展することを覚えておいた方がいいのではないか。

世間に嘘をつき、騙し、裏切った、いわば、「不正売《ふしょうばい》」をした名だたる大企業が、世間から批判を受け、業績不振に陥り、衰退し、あるいは、経営破綻《はたん》、売却を余儀なくされている昨今、すべての経営者は、よくよく「他山の石」と心得るべきではないかと思う。

松下幸之助の思想の根本にある人間道

融通無碍《むげ》の精神と
捉えるだけでは
松下幸之助哲学を
理解しているとは
言い難い

全体を理解して、その言葉を語るか、その言葉だけで、全体を語るか。この頃、松下幸之助さんの、一つの言葉だけで、「松下幸之助」を語る者が多いのは、いかがなものか。

ご承知のように、信長、秀吉、家康の、それぞれの人となりを表す言葉として、ほととぎすの句がある。

「鳴かぬなら　殺してしまえ　ほととぎす」は、信長。
「鳴かぬなら　鳴かせてみせよう　ほととぎす」は、秀吉。
「鳴かぬなら　鳴くまで待とう　ほととぎす」は、家康。

あるとき、ある人が、松下幸之助さんに、「松下さんなら、この三つのどれですか」と問うた。

松下さんが、どう答えたか。これまた多くの方々がご存じだろう。松下さんは、いや、そのいずれでもない。私は……「鳴かぬなら　それもまたよし　ほととぎす」だと応えたという。

実は、種田山頭火《たねださんとうか》の句にも、「鳴かぬなら　鳴かなくてよい　ほととぎす」という句がある。山頭火は、尾崎放哉《ほうさい》とともに、不定型句俳人（自由律俳人）として有名である。

「うしろ姿の　しぐれていくか」、「分け入っても分け入っても青い山」、「まっすぐな道でさみしい」などの句は、今も、多くの人たちに膾炙《かいしゃ》されている。

しかし、松下さんの「それもまたよし」は、そのまま「容認」するということでは、山頭火と同じだが、しかし、「それもまたよし」で、そのままかと言えば、そうではあるまい。

また、「鳴かないほととぎす」を殺したり、無理やり鳴かせようとしたり、鳴くまで待つのでもない。

「鳴かないほととぎす」の、鳴かないことを、「それもまたよし」と容認したうえで、その「鳴かないほととぎす」を、「礼を尽くし、衆知を集めて、適切な処置、処遇をする」ということである。

松下幸之助さんは、「鳴かないほととぎす」を、そのままにしておくことはない。それは、松下さんの『人間を考える　新しい人間観の提唱　真の人間道を求めて』を読んでもらえば分かる。

「（人間道は）人間万物いっさいをあるがままにみとめ、容認するところから始まる。

すなわち、人も万物も森羅万象すべては、自然の摂理によって存在しているのであって、一人一物《いちにんいちぶつ》たりとも、これを否認し、排除してはならない。そこに人間道の基がある。

かかる人間道は、豊かな礼の精神と衆知にもとづくことによってはじめて、円滑により正しく実現される。

すなわち、つねに礼の精神に根ざし衆知を生かしつつ、いっさいを容認し適切に処遇を行っていくところから、万人万物の共存共栄の姿が共同生活の各面におのずと生み出されてくるのである。

そのあるがままの容認の上に立って、いっさいのものの天与の使命、特質を見きわめつつ、自然の理法に則して適切な処置、処遇を行い、すべてを生かしていくところに人間道の本義がある。

この処置、処遇をあやまたず進めていくことこそ、王者たる人間共通の尊い責務である。」

これを理解していれば、松下幸之助さんの「それもまたよし」の意味と、そして、山頭火の「鳴かなくてよい」との「容認」の違いが分かるだろう。

まして、全体を理解せず、ピンポイント、その言葉だけで、融通無碍《むげ》の精神と理解するだけでは、「言葉の理解」だとしても、松下さんの「哲学の理解」だとは言い難い。

泥棒を、「それもまたよし」と「容認」するだけか。病気になって、「それもまたよし」と容認するだけか。それが融通無碍なのか。松下さんが、「融通無碍ですわ」と言っているのは、「信長、秀吉、家康の、それぞれの句に対して、そのうちのどれかではなく、捉われずに、発想しますわ」、「融通無碍に考えますわ」ということだろう。

松下幸之助という人は、それほど「風流な人」でもなければ、それほど「甘々《あまあま》な人」ではない。泥棒であると「容認」、「それもまたよし」としたうえで、「衆知を集め、礼をもって」、その泥棒を、「処置、処遇すること」が、「人間道だ」と言っているのである。

ちなみに、明智光秀の「ほととぎす」もある。

「鳴かぬなら　放してしまえ　ほととぎす」

「鳴かぬなら　私が鳴こう　ほととぎす」

いずれにしても、松下さんの「それもまたよし」という言葉の意味が単純ではないことは、確かではないだろうか。

経営能力のない者は去るのみ

能力のない者を

孫というだけで
そのまま社長にして
会社、潰《つぶ》したら
20万人の人たちを
殺すことになるわな

Panasonic（旧・松下電器）の株主総会で、副会長が退任した。まことに残念だと思う。副会長は、創業者・松下幸之助さんの孫。せめて、名誉会長として遇してもよかったのではないか。

確かに、松下幸之助さんが、生前、多くの人たちから、お孫さんを役員に、と勧められた。そのたびに、「あれには、経営能力がないから、役員にすべきではない」と強く言っていたのは、事実である。

ある日の夜、雑談がてらに、私は、ベッドで横になっている松下さんに、「しかし、一度、やらせてあげたらいかがですか」と言ったことがある。すると、松下さんは、私の顔を見ず、上を向いたまま、「キミ、松下家は、何人や」と言う。「まあ、ひ孫さんを入れて、20人ぐらいでしょうか」と答えた。

すると、松下さんは、間髪を入れず、「松下電器グループは、何人いるか」と訊く。「まあ、20万人か、30万人ぐらいでしょうね」と答えると、「そやろ。キミ、20人と20万人と、どっちが大事や？」。

どう答えていいのか、黙っていると、「わしはな、松下家が、消えてもかまわんと。けど、20万人の人たちが、頼りにしている会社は、潰してはいかんのや。能力のない者を、わしの孫というだけで、役員にして、そのまま社長にして、会社、潰したら、20万人の人たちを殺すことになるわな。だから、（孫だからといって、能力のない者を、役員に）せんほうがいいんや」。この言葉は、今も鮮烈に記憶している。

驚愕《きょうがく》した。その考え方に仰天した。そして、凄《すご》い人だなと思った。と同時に、文字通り、松下電器の経営に、本当に命を懸《か》けてきた人だと思った。

私には、孫に、経営能力がなかったかどうか、分からない。ただ、母親が、「どうしてあの子は、おじいちゃま（＝松下幸之助さん）の前で、食事中でも、声をかけられると、席を立って直立不動になるのかしらね。座んなさいと言うんですけどね。小心というか……」と、困惑して話してくれたことがあった。

また、松下さんと私が夕食を取っているとき、時折、突然に（私にとっては）、報告に来たが、まさに母親の言う通り、直立不動、そのうえ、汗を流し、緊張して、近づいても来ず、入口のところで報告して、ものの5分もせず、帰っていくのが常であった。

だから、今も松下幸之助さんの孫であるにもかかわらず、松下幸之助さんについての話が10分も出来ないと、周囲の人たちから嘆きの声が聞かれるが、出来ないのは、松下さんとの会話がなかったのだから、当然である。

また、人と話すことが苦手であったのか、会話ができず、懇親会やパーティなどでは、いつも、ポツネンと孤立し、近づくことはなかった。話しかけても、だから、会話することもなかった。

やはり、社長の器ではないということかもしれないが、松下電器は、その孫を社長にはせず、副社長から、代表取締役副会長に棚ざらしにし、そして、1年前に、その代表取締役も剝奪《はくだつ》し、ただの副会長にしてしまった。

気の毒としか言いようがないが、ところが、今回は、単なる副会長の立場も奪い、特別顧問だという。副会長でも、仕事がなかったのに、さらに、特別顧問。なんの仕事があるのか。

確かに、松下幸之助さんの指摘通り、経営能力がないにしても、また、たとえ、本人からの申し出？　だとしても、松下幸之助さんの孫。創業者の孫。Panasonicも、象徴として、それなりに処遇してもよかったのではあるまいか。

それとも、今まで、よほど、迷惑な存在、もてあましていたのだろうか。それにしても、気の毒だという以外にない。

もちろん、Panasonicは、Panasonicなりの考えがあり、私如《ごと》きが、云々《うんぬん》すべきではないことは、よく分かっている。しかし、松下家の関係が事実上なくなってしまうのは、本人の資質の問題かもしれないとはいえ、時代の流れ、状況の変化は、寂しい限りである。

とはいえ、改めて、今のPanasonicの経営幹部は、創業者・松下幸之助さんが、命懸けで経営をしたことを、また、「松下家よりも、会社を、社員を、優先的に考えていたこと」を、片時も忘れず、一層、世の中に貢献し、会社を発展させ、社員の幸せを実現して欲しいと願う。

「心を許して遊ぶ者は、経営者たる資格がない」

信長は
酒を呑んでいても
頭の中から
敵国のこと、隣国のことを
忘れることはなかっただろう

昭和50年（1975年）頃の話であるが、あるとき、松下電器産業から出向している、関係会社の社長が、松下幸之助さんを訪ねて来た。

報告などの要件が終わり、その社長と松下さんが雑談に入ると、暫くして、松下さんが社長に「あんた、経営は、難しいやろ」と笑顔で言った。

社長は、誠に誠実な人であって、「いやあ、難しいですね。日夜、しんどいですよ。格闘していますから」と答えただけならよかったが、付け加えて、「私の趣味は、絵を描くことですが、絵を描くほうが、経営より好きですし、楽しいですねえ」。

社長は、「それほど、経営が厳しい」と強調したかったのであろうが、松下さんは、その話を聞くやいなや、一瞬笑顔が消え、「なら、キミ、絵描きになれや。キミの最初に描いた絵、ワシが買《こ》うてあげるで」。

社長は、それを聞いて、「さすが、松下さんは、やさしい」と喜んだが、それから1年も経たずに、その社長は、本社のどこかに戻されてしまった。

松下さんは、「経営者は、経営が好きでなければならない」という考えを持っていた。

「好きこそ、ものの上手なれ」、好きであればこそ、経営に熱中できる。熱意なき者が、経営者として成功することはないと考えていた。

また、「経営者は、心を許して遊ぶ者は、経営者たる資格がない」、「信長は、酒を呑んで興じているときも、隣国のこと、敵国のことを頭から離すことはなかったろう」と常々話していた。確かに、「命を預かっている経営者」が、「経営より、絵を描きたい」「経営より、絵を描いているほうが楽しい」などと思っていたら、とうてい経営が上手《うま》くいくはずがない。

事実、松下さんは、自著で、「自分は、仕事は食べるためにやっているんで、本当の生き甲斐は趣味にある、と言う人が、本業の仕事で成功することは難しい。

例えば、俳句のほうに生きがいを覚えるという人は、俳句を本業として生きるべきだ」（『社員心得帖』――趣味と本業）と書いている。

江戸初期に書かれた『可笑記《かしょうき》』（如儡子《にょらいし》（齋藤親盛）著 江戸初期 渡辺守邦訳）にも、次のような記述がある。

「侍が数寄《すき》（＝風流・風雅の道）を好むと、ろくなことはない。そなたは、数寄を好むので、日頃の奉公が疎《おろそ》かになりがちである。その上、無益な茶道具に、無用な金銭を費やすので、明日にも戦さが起こったら、（戦費が入り用になったら）どうするのか。侍が数寄を好むこと、言語道断である」

もちろん、松下さんは、「経営者は、遊ぶべきではない」「絵を描くべきではない」「趣味を持つべきではない」などと言っているのではない。遊びながらも、趣味を持ちながらも、「経営のこと」を、「社員のこと」を、「お客様のこと」を、「これからの戦略のこと」を、片時も頭から離してはならない、まったく忘却してはならないということである。

社長というのは、そのようなことを考えなければならないのか、それなら、イヤだと、社長が思うなら、速《すみ》やかに、社長をお辞めになるべきだろう。

言うまでもなく、社長以外は、自由に、趣味に、旅行に、カラオケに、呑みに出かけたらいい。しかし、社長は、「社長」の立場に立った限り、「人生－経営＝ゼロ」の覚悟が絶対条件ということである。それによって、たとえ、社長が自殺するようなことがあったとしても、それは、「名誉の戦死」と言えるのではないかと、私は思っている。

ノーテンキでは、経営は出来ないということを知るべきである。

「滅私奉公《めっしほうこう》」より、「活私奉公《かっし》」

社員が
会社のために
社員全体のために
思ったことを言えない
風通しの悪い会社は
社長一人《いちにん》の
責任である

衆知を集めて事を決するということと、多数決によって事を決するということは、まったく異なる。

衆知を集めて事を決するということは、まず、経営者が自分の結論を出したうえで、衆知を集め、その過程の中から最終的に、より良い結論を、経営者の責任をもって決断し、周知徹底し、その結論を繰り返し訴え続けること。

その結論は、経営者の責任であり、それゆえに、事の成否もまた、経営者の責任である。

経営者が事を決するのに責任をもつのが、衆知によって事を決するということである。

多数決によって事を決するということは、経営者はそこに、経営者としての責任は感じない。みんなが、社員の多くが決めたのだから、ということで、経営者は、事が失敗しても、責任を取る感覚がない。

多数決、必ずしも成功への道ではない。経営者が衆知を集め、絶対的責任をもって事を決するとき、限りなく成功への道を歩むことが出来るだろう。

次に、以下のような話をした。

個人と全体が調和のとれた状態が、松下幸之助さんの言う、「共同生活」ということである。個人が全体の犠牲になるのも好ましいことではないが、全体が個人の犠牲になるのも好ましいことではない。

すなわち、国民が国家の犠牲になるのも好ましいことではないが、国家が国民の犠牲になるのも好ましいことではない。同様に、社員が会社の犠牲になるのも好ましいことではないが、会社が社員の犠牲になるのも好ましいことではないということであろう。

「滅私奉公」という言葉を、あまり、松下さんは好きではなかった。自分を犠牲にして、社会のために尽くすという考えより、自分も生き、社会のために尽くす、いわば、「活私奉公」と考えるべきではないかと言っていた。

確かに、その道を探す努力をすることは、かなり難しいと言えるが、しかし、その努力をするほうが、はるかに貴いし、賢明と言えるのではあるまいか。

また次に、以下のような話をした。

社員が、会社のために、社員全体のために、思ったことをどんどん言えないような会社は、やがて崩壊するだろう。

そのような会社は、いわば、「風通しの悪い会社」。そういうことが自由闊達《かったつ》に言える会社が、「風通しの良い会社」と言える。

お互いに、思ったことを自由に言える、風通しの良い会社にする責任は、社長一人《いちにん》の責任である。

社長が、和顔愛語で社員と接し、社員の話に積極的に耳を傾けること。それだけで、「風」、すなわち、「社風」は変わり、「風通しの良い会社」になるだろう。

私を中心にした、全国11か所の経営者塾のひとつで講じたことのいくつかを思い起こし、記述してみた。

今、この瞬間を生きることの大切さ

討《う》つ者も
討たれる者も
土器《かわらけ》よ
砕《くだ》けて後は
もとの塊《つちくれ》

室町・戦国時代の武将のひとりに、三浦義同《みうらよしあつ》がいた。平安時代から続いた豪族、相模三浦氏最後の当主である（神奈川県三浦半島地名の由来）。

さまざまなお家騒動を経て、当主になるのだが、最後は、新井城に立てこもり、北条早雲《そううん》と3年間、籠城《ろうじょう》史でも稀《まれ》な死闘を繰り返すが、ついに落城、家臣ともども討ち死にする。

そのとき詠んだ辞世の歌が、

「討つ者も　討たれる者も　土器よ　砕けて後は　もとの塊」（『鎌倉北条九代記』）

この辞世の歌を、ある友人が、引かれ者の小唄だと評し、また、負け惜しみの感がすると言った友人もいた。

しかし、そのように言えるかもしれないが、むしろ、そこには、武将としての、日頃の「絶対的覚悟」、来世などは考えない、「今」を生き切ったのだという強烈な思い、諦念《ていねん》が感じられないか。

彼岸《ひがん》も此岸《しがん》もまったく思慮外。あの世がある、成仏しようなどの思いは、それこそ、ひとかけらも思わない。彼にあるのは、「今」。「今」を命懸けで生きてきた男の、最期の言葉ではないか。

我常於此切《がじょうおしせつ》、我、常に此処《ここ》において切なり、「只今」に、「今」に命を懸けて、「今」を生き切ったのだという強烈な誇りが、義同の辞世の歌から伝わってくる。

人は生まれ、そして死ぬ。良寛和尚の歌、「散る桜　残る桜も　散る桜」。王侯貴族、また、大富豪であろうと、この道理から免《まぬが》れることは出来ない。

極楽があるか、地獄があるか、まして、あの世があるのか、誰も知らない。極楽や地獄も、説法を大衆に分かりやすく説くための便法とも聞く。あの世も、大衆に死後の希望を持たせるための方便だという禅僧もいた。

いずれにしても、天国も地獄も、あの世も不明ならば、生とか死とかを考えず、人間として、なにを為《な》すべきかを考え、実行して、「今」を、「この瞬間」を、全力で生き切っていくほかないだろう。

まさに、明恵上人《みょうえしょうにん》（鎌倉時代の華厳宗《けごんしゅう》の僧）の「阿留辺幾夜宇和《あるべきようは》」の生き方ではないか。

「ある時上人が話されるには、私にははっきりと言っておきたいことが一つある。私は死後極楽に行きたいとは言わない。ただこの世で己の分に従ってそれを生かし切って、あるべき姿でありたいと願うだけであると説かれておられた」（『明恵上人伝記』）。

自分の「今、あるべき姿は、なにか」、「今、やるべきことは、なにか」ということである。人として、とにかく「今」を懸命に生きる。常に、今この瞬間に自分を出し切って生きると思い定めて、この世を、最後まで生きることが大切だということだろう。

人は悩む。人は苦しむ。死を恐れる。しかし、悩み苦しみ恐れながらも、「今」に必死に取り組むことが、「苦の超克《ちょうこく》」になるのではないかと、三浦義同の辞世の歌を読みながら、そう思った。いずれにせよ、誰もが、土塊になるのだから。

〝命懸け〟という経営の覚悟があるか

経営者は
経営者たる間
人生―仕事＝ゼロの
覚悟がなければ
その資格はない

経営者にとって、その仕事は、まさに「死事」であると承知しなければならない。まさに「命懸けで取り組むべき事」であろう。

まして、心を許して遊ぶような者は、経営者たる資格はない。つねに会社の発展を考え、社員とその家族の幸福を思い、顧客の満足の実現を求めなければならない。

とりわけ、経営者は、社員とその家族の命を預かっているという覚悟が大事。おおよそ、社員が5人であろうと、100人であろうと、1000人であろうと1万人であろうと、いかなる規模の会社であろうとも、「ひとり」ぐらいは、まさに「命懸けの人」がいなければ、会社は発展しない。

遊ぶな、というのではない。遊ぶときも「遊んで、遊ばない」という心掛けが求められるということである。遊びながらも、会社のこと、社員のこと、その家族のこと、顧客のことを考えるべきではないかと言っているのである。

ただし、社員は、別に、それほどの覚悟が求められるものではない。それぞれの考えで、それぞれの仕事に取り組めばいい。心を許して、楽しめばいい。アフターファイブは、仕事のことは一切忘れ去って、思う存分、遊べばいい。

しかし、社員を苦しめ、人格を傷つけ、極論、自殺に追い込み、加えて、世の中を欺く経営者がいるとすれば、最低最悪という以外にない。経営者たる資格はない。地獄に落ちる。即、辞任、退任すべきだろう。

逆に、経営者が、経営の仕事と「懸命に格闘」しながら、顧客を思いながら、社員を思いながら、社員の命を思いながら、行き詰まり、結果、「自殺」をするならば、それは「名誉の戦死」であると言えるのではないか。

繰り返すが、中小企業であろうと、大企業であろうと、経営者が、それほどの覚悟と実行をしてこそ、会社ははじめて、「揺るぎない発展」をし、社員と社員に幸せをもたらし、顧客に満足を提供することができるのである。

人生－仕事＝ゼロの覚悟が持てるか、持てないか。「経営者の立場にある間」は、その覚悟が求められる。「一瞬の心の弛緩《ゆるみ》」も許されないということである。

会社を発展させるも、衰退させるも、「経営者一人《いちにん》の責任」。経営者たる者、その覚悟がなければ、その場から退場、もしくは、その場に就くのを辞退すべきだろう。

要は、経営者は、相当な覚悟がないと務まらないということである。

経営を知ったかぶっても恥をかくだけ

身体《からだ》に
浸《し》み込んでいないことを
口先だけで得々と話せば
赤っ恥をかくだけである

沢木興道《さわきこうどう》という明治から昭和期の曹洞宗の僧は、終生、娶《めと》らず、住《じゅう》せず、行雲流水《こううんりゅうすい》、生涯を正しい仏法の普及と只管打坐《しかんたざ》（＝座禅）に、全生命を燃やし続けた。

今なお、多くの人々に、その著作が読まれているが、著作の一冊に『禅談』という法話集がある。その中で、次のような話をしている。

柳澤里恭《やなぎさわさととも》（※江戸時代中期の武士、文人画家、漢詩人）の随筆に、学者を皮肉ったものがある。ある学者が、「何でも堪忍《かんにん》の二字が大事だぞよ」と云《い》ふた。すると村の若い者が聴いて居って、「なるほど、かーんーにーん、の四字が大事でございますな」と云った。字と云ふたら、村の若い者は仮名より外《ほか》は知らぬ（※堪忍＝怒りを抑えて、人の過《あやま》ちを許すこと）。

学者は漢字で「堪忍」の二字が大事だと云ふ。そして、二字と四字の処《ところ》に非常に力を入れる。「いや、そうじゃない。堪忍と云ふのは、たへしのぶ、と云ふてな、二字じゃぞ」「ちょっと待ってください。たーへーしーのーぶ、たへしのぶ、の五字が大事でございますか」

「いや、さふぢゃない。たへしのぶ、と云ふても、かんにん、と云ふても、二字じゃぞ」「たへしのぶ、と云ふのは、五字で、かんにん、と云ふのは、四字でございますが」と云ふたら、「馬鹿ッ、この無学文盲の馬鹿者奴《め》……」と到頭《とうとう》、学者は怒鳴りだした。

ところが若い者は、「ハイ、私は、たへしのぶ、の五字が能《よ》う呑み込めましたから、何と仰《おっしゃ》っても、腹は立てませぬ」。

この話を、薬師寺の名僧の故・高田好胤《こういん》元管長が、その著『心』の「般若心経の心」の項（初版本75頁）で、学者を先生に、若い者を生徒に置き換えて、そのまま説法している。好胤師は、説法、説教の名人だった。

この沢木興道師の話は、自分自身の身体《からだ》に染み込んでいないことを、もっともらしく説いても、また、表面的、外面的にいくら立派な話をしても、すぐに相手に見破られ、あげ足を取られ、顰蹙《ひんしゅく》を買うだけだということを言っている。

自分が出来ないことを、他人に説教する。経営したことがない人が、したり顔で経営の講演をする。人間として、してはならないことをしながら、人々に教えを垂《た》れる。己れは、いい加減なことをしながら、人に厳しさを求める。

あるいは、自分は素直でない、捉われ、嫉妬《しっと》の塊《かたまり》でありながら、また、その組織の責任者でありながら、素直な心が大切だと、講演する人もいる。松下幸之助さんが泣いているのではないかと思う。

しかし、その人に、その組織の長に、「素直な心」のカケラもなければ、いくら立派なことを言っても、逆にあげ足を取られ、軽蔑《けいべつ》され、疎《うと》まれ、誹《そし》られるだけだと知るべきであろう。

自分で言いながら、それが出来ていない人、やっていない人、経営を知らない人、赤字を出している経営者が、自分に問う、自問自答する、自省するのは大切だが、あまり得々と、他人に説法、説教する、まして、経営研修活動や講演などするものではあるまい。この話の学者のように、赤っ恥をかくだけであろう。

あなたの会社には「夢・目標・感謝・誇り」があるか

夢を語り
目標を示し
感謝し
誇りを与えること

先日、金沢で講演の後の懇親会のとき、女性経営者の方が挨拶《あいさつ》に来た。名刺交換の長い時間から解放された直後であったから、その方も列が終わるのを遠くから眺《なが》め、タイミングを見ていたのだろう。名刺を見ると、美容院を数店経営していることが分かる。

「そうですか。頑張って経営をしてくださいね」と言うと、「実は、そのことで、教えて頂きたいのです」と言う。「なんでしょうか」と尋ねると、「若い子がすぐに辞めるんです。

最近も効率をよくするために、一人ひとりにタイマーを渡したんです、技術向上のためと思って。

ところが、次々に辞めていくんです。やはり、時間に拘束されて仕事はしたくないって。若い子たちのことを思って、いろいろやっているのですが。どうしたらいいでしょうか」と言う。

そこで、「あなたのお店も知らないし、美容師さんたちも知らないし、第一、あなたにも、今、初めてお会いしているのだから、無責任な話は出来ない。しかし、今のお話だけで感じたことで、アドバイスさせて頂くとすれば、タイマーを、なぜ渡すのか、置くのかという説明がないというか、あなた自身の経営の仕方に、ひょっとすると、考え直したほうがいいところがあるかもしれない。

この場合、大事なことは、若い美容師さんたちに、夢というか、目標を持たせ、誇りを持たせることだと思う。タイマーを渡すのも、仕事の効率を上げて、技術向上をさせるというためでなく、なぜ、技術向上を求めるのか。それは、お店のため、売り上げのためだけでなく、あなたが技術を向上させたら、東京の銀座とか青山の美容院に移って、カリスマ美容師になって欲しいからよ。

技術が向上して、もう大丈夫だとなれば、私が東京の銀座のいくつかの美容院と話をして紹介するから、ここでは、だから、そのために技術を向上させてね。ここは、大学進学の予備校よ、と言ってみたらどうですか？　ここで、いつまでも、と思わせるような話ではなく、要は、それぞれの美容師さんに、夢とか、目標とか、誇りをもってもらうような話し方をしたら、どうでしょうか。そして、私の夢は、あなた方がカリスマ美容師になってもらうことよ、とも。

とにかく、美容師の皆さんに、夢とか、目標とか、誇りを持たせるような話をしてみてはいかがでしょうか」と話した。その女性経営者の方は、大いに納得して、「そういう話をしたことがありません」と喜んでくれた。

テレビで紹介されていたが、大阪の、あるチョコレート屋さんは、約80人の従業員の女性社長。ご主人が体調をこわしたので社長になったが、従業員が次々に辞めていく。当然、人手不足になった。どうしたらいいか、途方にくれる。

いろいろと悩みに悩んで、出した結論が、「世界を目指そう」、「この会社から、世界一のショコラティエを生みだそう」という、「夢」というか、「目標」。この言葉は、従業員の意識を変えた。誇りを持たせた。毎年、フランスで開催されるチョコレートの世界的祭典「サロン・デュ・ショコラ」に出品して、賞をとろうということ。

そのように社長が夢を語り、目標を語り続けると、従業員も辞める者がほとんどなくなり、社員たちに意欲が生まれ、誇りを持ち、職場の雰囲気も一変、活気が出てきた。

もちろん、主要ポストを次々に実力ある女性社員に代えたり、大胆な業務改革をしたり、女性従業員が働きやすい環境を整えたり、余った予算は商品開発に投資したりして、次々と斬新《ざんしん》な商品を考え出していく。

結果、去年、「世界を代表するショコラティエ100人」に選ばれるという快挙を成し遂げた。この快挙、もちろん、そうしたさまざまな改革によるものもあるが、それ以上に、はるかに大きい原動力は、女性社長が従業員に夢、目標、誇りを与えたことだ。そのチョコレート会社で、ただ働いているだけでは、従業員は、毎日、同じ作業をしているだけだから、働く意欲は出てこない。だから、辞めていったのである。

要は、自分たちの会社の社長は、なるほど、このような夢を持っているのか、なるほど、このような目標に向かって進んでいるのか、ということが分かれば、従業員は、自分の立ち位置が明確になり、だから、やり甲斐、働き甲斐が生まれ、そこに、働く誇りも生まれてくるのである。

この話をご存知の方も多いと思うが、ある日、一人の旅人がスペインのバルセロナの道を歩いていると、道端で一人の石工《いしく》が、石を彫《ほ》っている。旅人は、声をかけた。「なにをしているのか?」。その石工は、「この石を彫ってるだけだ。しんどくて疲れているし、じゃまだから、向こうに行ってくれ」と腹だたしげに言う。

しばらく歩いていると、別の石工が同じように石を彫っている。旅人は、また同じ質問をした。すると、その石工は、「私は今、世界で一番美しい教会の、あのところにおさまる石を彫っているんだ」と指差しながら自慢げに言う。同じ作業をしながら、一人はやる気なく石を彫り、一人は誇らしげに石を彫っている。

松下幸之助さんの経営成功も、従業員に、①夢を語り、②目標を示し、③感動を与え、④感謝し、そして、なにより、⑤誇りを持たせたことによるものであったのではないかと、私は、思っている。

経営者が、その会社の「社風」をつくる

侍の善悪は
その仕える主君次第
社員が良くなるも悪くなるも
社長一人の責任

会社を判断するのに、有名無名、規模の大小、あるいは所在地を基準にすると、将来、禍根となったり、あるいは後悔することになるだろう。

なにより、基準にすべきは、「社風」である。いわば、その会社特有の空気、気風、雰囲気ということ。

その「社風」は、いろいろな要因によって形成されるが、経験的に、結局は、社長一人によって形成されることは確かである。

社長が有能であれば、会社全体も活気あふれる、闊達《かったつ》な、勢いのある社風になる。社長が、社員、来客、誰に対しても丁寧に接すれば、会社全体も穏やかで、明るい社風になる。社長が和顔愛語であれば、会社全体も温かく、優しい社風になる。社長が常に身を正しくすれば、会社全体も不正を忌《い》み嫌い、拒否する社風になる。

社長が無能であれば、会社全体も活気なく、暗い社風になる。社長が乱暴な言動をとれば、会社全体も猛々《たけだけ》しく、荒々しい社風になる。社長が会社のカネを使って、遊び呆けていれば、会社全体もカネにだらしない社風になる。社長が不正をすれば、会社全体も不正に痛痒《つうよう》を感じない社風になる。

前者のような社風のいい会社は、大抵、倒産することもなく、むしろ発展する。

後者のような社風に問題がある会社は、大抵、５年、10年、長くても20年の間に衰退するか、消滅する。

社長一人の責任は、今も昔も変わらない。寛永年間（1640年頃）に書かれた書物に、次のようなくだりがある。

「昔、ある人が言うに、〝侍の善悪は、結局はその仕える主君次第である。心善なる主君に仕えた侍は、その主君に心服する家老、近習衆《きんじゅうしゅう》、あるいは同僚の感化を受けて、知らず知らずのうちに、善人になる。

また、悪心の塊のような主君に仕えた侍は、その主君に服従する家老、近習衆、あるいは同僚の感化を受け、いつの間にか悪人になる〟とのこと。

まことにその通りであろう。つまりは、侍たるもの、主君を選んで仕官する必要があろう」（『可笑記《かしょうき》』如儡子《にょらいし》＝斎藤清三郎親盛著、渡辺守邦訳）

若い社員が〝善人〟になるか、〝悪人〟になるか、あるいは、将来、有能な社員に成長するか、無能な社員に堕するかは、社長によって形成される社風、言い換えれば、社長一人の責任だということを、社員に訓示する前に、社長たる者、己自身を振り返ってみる必要がある。

また、その会社に就職を希望すると、会社の面接を受けることが通例となっているが、むしろ、入社希望者が、社長を面接することも、大切ではないかと思う。

時には経営者一人で進む覚悟も必要

オレが、オレがという態度は
好ましいとは言えない。
しかし、時に
オレが、オレがという態度が
必要なときもある

第二次世界大戦中の1940年5月、ヒトラー・ナチスのドイツ軍は、英仏軍を攻撃。英仏軍は敗走に次ぐ敗走で、ついに海を背景に包囲されてしまう。

そこで、英仏軍は、フランス北部のダンケルクの海岸からイギリス本土へ撤退せざるを得なかった。

さらにイギリス本土を窺《うかが》うドイツ軍に、イギリスの国民はむろん、英国軍隊までもが、ドイツ軍に恐れおののき、まったく戦意を喪失してしまう。

そのとき、首相のチャーチルが議会の壇上から、不退転の決意を披瀝《ひれき》して、国民の士気を鼓舞する有名な演説をする。

チャーチルは絶叫した。「あなた方が戦わないのなら、私一人で十分だ！　Alone Very Well!（アローン　ベリー　ウェル！）、私一人で戦ってみせる！」。

チャーチルの、この〝Alone Very Well!〟のひと言に、軍隊、国民は、感動した。「沈黙」は、「高揚」に変わった。「恐怖」は、「闘志」に変わった。軍と国民は、一気に奮い立ち、ついにヒトラー・ナチスのドイツ軍の本土侵攻を食い止めることに成功する、という話を読んだことがある（山田無文著『中道をゆく』）。

「オレが、オレが」という態度は、あまり好ましいとは言えないかもしれない。

しかし、指導者は、いざというときに、「俺一人でやってやる」「自分の命を全員のために差し出そう」というような「全責任を俺一人で背負ってやる！」の気概が必要ではないか。

口ばかりの、言い訳ばかりの指導者、経営者、責任者はいらない。保身ばかりの、責任回避ばかりの指導者、経営者、責任者はいらない。同調圧力に屈する指導者、経営者、責任者はいらない。

裂ぱくの気概で、チャーチルの如《ごと》く、〝Alone Very Well!〟と言って、断固、正しさを選択、一人でも戦う気迫のある指導者、経営者、責任者が、今求められているのではないのだろうか。

そのような指導者、経営者、責任者のもとであればこそ、国民も社員も部下も、高揚し奮起し、一丸となって、勇猛果敢に、目前の、それぞれの問題、課題に取り組むに違いないと思う。

余談だが、私は、チャーチルの、その言葉、〝Alone Very Well!〟が鋳《い》こんである銀貨を長年、探し続けている。戦後まもなく、イギリスから、チャーチル・コインが日本に入ってきたというが、いまだに、見つからない。

チャーチルの横顔を浮き彫りにして、裏に、兵隊が鉄砲を持った図柄の上に、その言葉があるらしい。私の好きな言葉の一つであるし、座右の言葉の一つでもある。一度、是非、その銀貨を見てみたいと切望している。

必ず3割の人の批判を受ける

正しいことも
必ず
3割の人たちは反対、批判する
だから
正しいと信ずるなら
3割の人たちの反対、批判に
動ずることなく
堂々と前を向いて
進んでいけばいい

相対的に言えることは、どんなに正しいことも、7割の人たちは賛成するが、必ず、3

割の人たちは反対するものである。逆に、どんなに正しからざることも、7割の人たちは反対するが、3割の人たちは賛成するものである。

真面目に生きていると、7割の人たちは評価するが、必ず3割の人たちは、「あいつは、まったく面白くないヤツだ」と陰口を言う。

逆に、毎夜、飲み歩いて酩酊《めいてい》し、酔い潰《つぶ》れていると、7割の人たちは、「もっと人の迷惑を考えろ」と謗《そし》るが、必ず3割の人たちは、「なかなか憎めないヤツだ」と面白がる。

美しい女性が、真面目な表情をしていると、7割の人たちは、「素敵ね」と評価するが、必ず3割の人たちは、「彼女はツンとして、お高くとまっている」と酷評する。

若い女性が、笑顔で、誰にでも優しく振る舞っていると、7割の人たちは、「感じがいいわね」と好意的に言うが、必ず3割の人たちは、「男に媚《こび》を売るのがうまいわよね」と陰で言う。

仕事に一生懸命取り組みながら、成果をあげると、7割の人たちは、「たいしたもんだ」と受け止めるが、必ず3割の人たちは、「アイツは、余裕のないヤツだ」と陰口を叩《たた》く。

地位が上がると、7割の人たちは、「たいしたもんだ」とそのまま思うが、必ず3割の人たちは、「アイツは、上司にゴマを擦るのが上手《うま》いからな」と嫉妬する。

経営者として、大きな結果を出し続けると、7割の人たちは、「すごいね」と称賛するが、必ず3割の人たちは、「アイツは、ワンマンで、強引だ」と非難する。

松下幸之助さんを高く評価する人たちは多いが、やはり3割の人たちは、「金儲《もう》け主義者だ」「偽善者だ」と誹謗《ひぼう》する。

社員の給料を確保したいと、松下さんが、カネ、カネ、カネと口にしていると、7割の人たちは、「さすが、社員思いの人だ」と敬服するが、必ず3割の人たちは、「守銭奴だ」「カネの亡者だ」と叩く。

松下幸之助さんが、「一心不乱に金、金、金……と書き続けていたが、あれは子ども心に強烈な印象として残り、その後も消えることはなかった」（井植敏）と、批判する。子どもに、その間の事情が分かるはずもないのに、感情的に批判される。

松下さんが、死ぬ間際に、なお生きようという気概を、７割の人は、「感動するね」と感心するが、「悟りとは、程《ほど》遠かった」と冷笑する人もいる。

「臨終の瞬間は、悟り済ましたといった状態とは程遠いものでした。死にたくない、もっと生きたい、と必死の思いが形相に表れていました」。人間、ボケていなければ、当たり前のことも、このように揶揄《やゆ》される。ちなみに、このひと言、こともあろうか、松下家の執事だった、高橋誠之助（『神様の女房』の著者）の雑言である。

要は、どのような正しいことであっても、必ず３割の人たちは、反対し、批判し、非難中傷し、あるいは、陰口、悪口を言うものだということ。しかし、ということは、「騒々しい敵が3割」いても、必ず「静かな味方」が7割は居るということである。

なにごとも、なにをやっても、「この世は、すべて、3割・7割」。「人生は、すべて、3割・7割」。批判されても、少なくとも3割の理解者が居る。賛成されても、少なくとも3割の反対者が居る。「3割・7割」。これが、人生の、この世の「黄金比率」であろう。

だから、正しいこと、信ずることを、批判され、非難され、あるいは、陰口、悪口を言われても、それは3割の人たち。残りの7割の人たちは評価し、賛同し、心の中で拍手していると思うことが大事。

だから、自分の考えが称賛され、あるいは、自分の主張に拍手されても、3割の人たちは反対し、非難し、心のなかで批判していると心得ておくことが大事。

要は、他人の、いかなる言葉にも動ずることなく、悲観することなく、自分が正しいと信ずる道を、ひたすらに前を向いて歩いていくことが大事ではないかということである。

「人は人、吾《われ》は吾也。とにかくに吾行く道を吾は行く也」という哲学者・西田幾多郎の言葉を、だから、今一度、心して味わってみたい。

経営者は社員を信じるべきか否か

光秀は、なぜ謀反《むほん》を起こしたのか
今も謎《なぞ》であるが
謀反の事実は事実
しかし
謀反は、手の平返しは
今日でも身近なところで
起きている

本能寺の変は、天正10年6月2日（1582年6月21日）。織田信長に対する明智光秀の謀反、クーデターである。

折しも、羽柴秀吉は、毛利氏の配下、清水宗治《むねはる》の備中《びっちゅう》（岡山県）高松城を水攻めにし、包囲していた。もう落城寸前というところで、信長に応援を要請する。信長にトドメの手柄を立てさせようという、いかにも、秀吉らしい対応と推測する人もいる。

それはともかく、その応援に向かう信長に対して、先発した光秀が謀反を決行する。「敵は、本能寺にあり！」。

京都・丹波《たんば》亀山城から引き返し、京都・本能寺に宿泊していた信長を急襲する。寝込みを襲われて、包囲された信長は、「是非に及ばず」（仕方ないこと）と発して、応戦ののち、自害したという。

光秀が反旗を翻した原因については、光秀の恨みや野望に発するという説、光秀以外の首謀者（黒幕）がいたという説など、多数あるが、今もって定かではなく、定説と呼ばれるものは確立されていない。日本史上の大きな謎の一つだという。しかし、明智光秀の謀反、裏切りの事実は事実である。

いつの時代でも、もちろん、今日でも、多くの組織で、多くの会社で、上司に対する部下の謀反、裏切りは行われ、繰り返されている。

「我々の上司は、あなたしかいません。このように、我々の忠誠をあらわすために、連名で署名してきました」と、社長に、わざわざ一枚の書面を数名で持ってきたが、ほどなく、役員会で、社長辞任を、署名書を持ってきた役員も含めて、賛成多数で可決。「いや、部下など、信頼し、信じてはいけないと、しみじみ感じてますよ」と、ある元社長が、懇親会の席で、苦笑していた。

あるいは、部下たちが、日頃、「我々は、部長を頼りにしています」と言っていた。その部長も、「だから、一生懸命、部下のことを思いながら、仕事を与えていたのですが、こともあろうに、その部下たちが、社長に、あることないこと、告げ口して……」と嘆《なげ》きつつ、話をしてくれたことがあった。「まあ、部下を裏切るより、部下から、裏切られるほうが、いいんじゃないですか」と慰め、励ましたことがあった。

そのような信義にもとる部下は、そう多くはないと思うが、明智光秀のような部下が、何人かいるのが当然と考え、信長のように、「是非もなし」、松下幸之助さんの、よく言っていたように、「以《もっ》て瞑《めい》すべし」と思う以外にはあるまい。

しかし、結果は、そのような下品な社員、偽りの部下の末路が、明智光秀になることは必定だから、「本能寺の変」があっても、長い目で見れば、彼らが、幸運をつかむことは極めて難しいと、私は思う。

御池《おいけ》通りから下がって、京都・鳩居堂に向かう途中、左側にある本能寺の前を通り過ぎながら、信長は、確か、この六月に謀反を起こされ、自害したはずと思った。

手のひらを　返す部下あり　信長忌　　（かつひこ）

時代の変化を捉えて経営に生かすセンス

会社が倒産する
最大の原因は
販売不振である
販売不振は
社長の責任
経営者としての
資質・センスなき社長は
社長の座を降りるべき

企業が衰退倒産する原因は、トップに「経営センス」がない社長が居座っていることだ。

経営センスは、持って生まれたもので、①好奇心 ②行動力 ③統率力の3つ。

なにごとにおいても、新しいこと、珍しいことに興味を持つ「好奇心」は、そのまま「先見力」ということになる。

デジカメが出た途端、面白がり、これは玩具ではなく、カメラに取って代わるかもしれないと考え、事業化する。スマホが出てきたら、早速に試し、仕事に取り入れられないかを考える。音声翻訳機が発売されたら、試してみる。街を歩いて、新しい商業施設ができていれば、入ってみる。テレビで、人気タレントが出ていれば、なぜ人気なのか、観てみる。極端に言えば、世俗のこと、すべてに興味、好奇心を持つことだ。そして、それぞれに、これから、どうなるか、どう時代が変わるかを考えてみる。

そして、「これは、自分の会社、事業に役立てることが出来る！」、「これに、自分の考えを加えれば、いま、誰も、どこの会社もやっていない新製品、新商品を造ることができる！」と思いつく。それが、「好奇心」であり、「先見力」である。

しかし、思いつくだけではいけない。「その新製品、新商品をどう開発し、造るか」、「どの会社と話し合うか、どこから仕入れるか」など、考え、直ちに対応する「行動力」がなければならない。

自分の考えたことを、他の人は考えていないだろうと、高《たか》を括《くく》ってはいけない。自分が考えることは、大抵、ほかの人も同じことを、ほぼ同じ時期に考えるものだ。

だから、瞬時に行動が出来るセンスがなければならない。まあ、ゆっくりやろう、じっくり考えてやろうと、なにごとにも思う性格の人は経営者としてのセンスはない。

また、造ろう、仕入れようとなると、社員をまとめ、組織化し、統率していかないといけない。そして、社員を、よし、やってやろうという気分にさせる必要がある。

社員に、喜び、満足を与えながら、そのようなやる気を起こさせることが出来るかどうか。それは、持って生まれた「統率力」、「組織力」のセンスである。

会社が倒産する第一の要因は、圧倒的に、「販売不振」。自分の会社の製品、商品が売れなくなるということである。

なぜ、販売不振になるかと言えば、社長に、先に指摘した経営センスがない、言うところの、①好奇心＝先見力、②行動力、③統率力＝組織力がないからである。

さらに、「経営センス」に加えるに、❶判断力があるかどうか、❷度胸があるかどうか、だろう。

これは売れるというものでも、やはり、「人道」に適《かな》っているか。法には触れないが、人の道に反することはないのか。その「判断力」が社長には求められる。

また、未知の製品、商品、未知の販路となれば、やはり二の足三の足を踏む。そこを「百尺竿頭進一歩（ひゃくしゃくかんとういっぽをすすむ）」思いで踏み出す「勇気・度胸」が社長になければ、新しい製品も開発できないし、新しい商品も造り出せない。

勢い、過去の成功体験を繰り返し、既存の製品、商品で経営をやり続けるから、売り上げは減少し、販売不振となり、そして、倒産、消滅ということになる。

野球センスのない者は、いくら練習しても、あの「イチロー選手」にはなれない。歌のセンスのない者は、いくら努力しても「美空ひばり」にはなれない。経営センスのない者は、いくら「血の小便」を出しても、「松下幸之助」にはなれない。

「経営センス」、加えるに、「判断力」と「度胸」がないと社長自身が自覚するならば、社長はみずから、「社長の座」を降りるべきだろう。

この頃、日本の経営者たちは、理論を振り回す、いわば、「口舌《こうぜつ》の徒」は多い。しかし、このような、「経営センスのない」、「判断力のない」、「度胸のない」偽物の経営者が経営する会社の社員は、まことに不幸と言わざるを得まい。

役員後の居座りは迷惑

日本の企業には
なぜ相談役、顧問、参与など
意味のない役職が多いのか
海外投資家から
懸念が出てくるのは
当然である

早朝、友人からメールが入ってきた。「その通りになってきましたね」と、拙著『正統派リーダーの教科書』（東洋経済新報社刊）の「『相談役』『顧問』の居座りは社員全員に迷惑」の項の頁を、わざわざ写真を撮って送ってきてくれた。

拙著を、友人がしっかりと読んでくれていることに感謝しつつ、トヨタ自動車が、２０１８年６月14日に、相談役や顧問を大幅削減して、約60人を、翌月から、なんと、９人にするという発表を、新聞で知った。

権限や報酬が曖昧《あいまい》で、株主総会で選出されていないにもかかわらず、経営に影響を及ぼしかねないとして、海外投資家から懸念が出ていたとのこと。

そのことは、同拙著が東洋経済オンラインで連載中の、２０１７年９月に、私見として、次のように指摘した。

「社員の人たちが、汗水たらして稼いだ金で、オーナーならいざ知らず、相談役、名誉会長、副会長、最高顧問、顧問、参与など、あまり意味のないポストに就き、多額なおカネを使うのはいかがなものでしょうか。

今まで、この会社に貢献してきたから、当然だろうというのなら、社員全員が会社に貢献して定年を迎えているのですから、全員参与、全員顧問なら分かる。
しかし、ある特定の地位にあった人たちだけが、それらの役職につくのは、実に不公平というばかりか、会社及び社員に負担と迷惑をかけ、それだけでなく、会社の未来への投資資金にも影響を与えると思います」

また、「わざわざ、株主総会で、指摘、要求される前に、どこの会社も、大中小零細を問わず、自主的な努力で、このようなほとんど意味のない、また、社員に負担をかける制度の廃止に対処すべきではないかと思います」とも書いた。

もちろん、それら役職が、経営におおいに資するものであれば、まだ、良しとしてもいいが、事実は、そうではない。それで、いままで、幾人かの経営者に、雑談でこの話をしてきたが、別に、副会長も顧問も参与も、必要もないし、会社の看板にもならないし、権威付けにもならないが、今までの年功とか、役員のポストを辞めてもらうだけということは言いにくいのだ、と応える。まさに、経営とはほど遠い理由を挙げる経営者たちが多い。

しかし、彼らの多くは、10時頃出社して、新聞を読んで、昼ご飯を食べて、時折、電話して、時折、訪問者と話をし、休日のゴルフの呼びかけをしている。そして、3時ごろになると、退社する。実際に、そういう人を知っている。社用車を使い、部屋をあてがわれ、秘書をもち、ときに、社費で出張という名目で旅行をする。実際に、そのような人も知っている。社員に申し訳ないと思わないのか。恥ずかしいとは思わないのか。海外投資家から、批判が出るのは当然だと思う。

トヨタ自動車の素早い対応に、改めて敬服するとともに、グローバル化、また、BARIS（バリス）革命（BIG‐DATA、AI、ROBOT、IoT、SHARING‐ECONOMYの頭文字）によって、極めて近い将来、ほとんどの大企業でさえ、副会長、顧問、参与などは絶無になり、また、役員数は10名前後になるだろう。

また、社外役員も否定はしないが、会社に精通していない人たちを、経営者の好みで、あるいは、経営者に直言できない人たちを社外役員にすることは、百害あって一利なし、となるだろう。社外役員を入れるなら、経営者、少なくとも、社長をはじめ、経営幹部のあずかり知らぬところで決めていくべきである。

いずれにしても、これからは、無意味な役職、名前だけの役職が淘汰《とうた》される時代になるだろうし、淘汰しなければ、日本の企業は、グローバル競争に勝つことは出来ないだろう。

第3章

言葉ではなく心を読み取る

「会社が３００人の頃が、いっとう、楽しかったな」

雑談の折々に
自主自立の心掛けが大事やな
３００人のときが良かったな、と
松下幸之助さんは
呟《つぶや》くように
何度も話す。

松下幸之助さんが、「自主自立の心掛けは、経営においても、人生においても、大事なことやなあ」と、雑談のとき、何気なく（というように、私は、思った）、言う。私は、「そうですね」と、なんのためらいもなく、なにを考えるでもなく、応える。

また、雑談で、「人を頼るとか、国を頼るとか、そういう考え方は、あかんな」と言う。

月に2回か3回は、呟くように、雑談の中で、私に語りかける。「わしは、長く（松下電器の）経営をやってきたけどな、人に頼ったり、政府にお願いするということは、たいてい、なかったな」と独り言のように、話す。

たびたび聞いているうちに、いくら雑談でも、何気なく独り言のようでも、なぜ、この人は繰り返し、繰り返し、私に言うのだろうかと、ふと、思った。

当時、ＰＨＰ研究所の経営は、松下電器に、人件費も出してもらう、書籍、月刊誌の新聞広告も全額負担してもらうなど、おんぶに抱っこであった。にもかかわらず、売り上げは伸びず、赤字、借金、当然、内部留保はゼロだった。しかし、私が経営責任者になると、急速に経営は急成長をし、利益も黒字になるようになった。

雑談で語る松下幸之助さんの言葉を考えて、気がついたのは、黒字になってきたのだから、いつまでも松下電器に依存せず、自主自立の経営をやれ、人を頼りにし、他を頼りにする経営は、やめよ、ということではないか。

そう考えて、私は、松下電器からの支援をいっさい断《た》つ決意をした。前述した通り、売り上げも、利益も着実にあがるような状況になっていたとはいうものの、まだまだ十分とは言えず、そのようなときに、松下電器への依存をすべて断つことは、不安でもあった。

しかし、松下さんの繰り返しの呟きを、私は、私へのそのような指示と結論したので、断《ことわ》った。その報告をすると、松下幸之助さんは、予想通り、「そうか、よく決めてくれた」と満面の笑み。大いに喜んでくれた。そして、「これで、キミんとこも、なお一層発展するわ」と励ましてくれた。

その言葉通り、社員の表情も一変。今までにも増して、緊張感を持って、それぞれがそれぞれの役割を貫徹。その間のリーマンショックなども関係なく、実に34年間にわたって、売り上げが一度も前年度を下回ることはなく、利益も相当に確保、内部留保も2年間、経営を停止しても維持できるほどに積み上げることが出来た。

つくづく、松下幸之助さんの経営の考え方、的確さに恐れ入ったことを鮮明に覚えている。

ところで、34年間で売り上げを27倍にしたが、社員数は３００人に抑え続けた。どうして、私は、３００人に抑え続けたのか。このことも、雑談の折ふしに、松下さんが、繰り返し、「会社が３００人の頃が、いっとう、楽しかったな。皆（社員）の顔も名前も覚えられ、一人ひとりと話も出来た」と言う。

何度も、その話を聞いていると、なるほど、そうか、と、私は強く思うとともに、これは、ひょっとして、ＰＨＰ研究所の社員数を３００人以上にせんほうがいいよ、と言っているのではないか、と考えるようになった。そういうことで、私は、社員数を３００人前後に抑え続けることにした。

そして、社員の理解と提案（知恵）と協力で、労働強化にならないように、合理化（＝ムダの排除）と迅速化（＝機械化、デジタル化）に取り組み、売り上げが伸びても、社員を300人前後に抑えることに成功した。

もちろん、すべての業種の会社が、従業員を300人前後に抑えることは不可能で、それぞれに「適数」があるであろうから、それぞれに考えるべきだと思うが、しかし、事業を拡大していくときに、その「300人」を単位に、「部門」を別に創るということは、考えていいことかもしれない。

いずれにせよ、私は、松下さんが言う、「300人の頃が、いっとう、楽しかった」という話を、私に言っているのだと思い、実践した。おかげで、利益は34年間、ほとんど毎年、平均8%を確保し続けた。

思うに、松下幸之助さんが、雑談で、繰り返し、繰り返し、同じ話をしてくれたというのは、実は、経営に関する考え方、取り組み方を、「何気なく」ではなく、鈍感な私の頭に入るように、心に沈潜するように、根気よく話をしてくれていたのだろう。そう思うと、身の震えるほど、有難いことだったと、今でも思っている。

何事も基本を疎《おろそ》かにするべからず

納得する人生を願うならば
人生はすべて細部に神宿る
人生はすべて基本に神宿る
そのように考え思って
日々を過ごしていくべきだろう

昔、松下幸之助さんの話し相手に、矢野宗粋《そうすい》という茶道の先生がいた。松下さんの傍《そば》で仕事をするようになって、1年ほどの頃か、松下さんから、私は、裏千家今日庵《こんにちあん》に使いに行くよう指示された。

茶道の作法を知らない私は、おおいに困った。当然、今日庵を訪ねていくのだから、お茶が出る。そこで、大いに困惑しつつ、この先生に話をすると、「よろしおま。私が一緒に行ってあげましょ」と気軽に同行を引き受けてくれた。そして「まあ、私のやるように、作法すればよろしい」とも言ってくれた。

ホッとしながら、今日庵に行くと、案の定、立礼《りゅうれい》であったが、まず、お茶室に通され、業躰《ぎょうてい》という、裏千家では、大変高い立場の先生がお茶を点《た》ててくれた。

ところが、矢野先生の作法は、乱暴な、と私には感じられるほどの所作であった。しかも、素早い。私は、驚いた。真似ることも出来ず、仕方がないので、一礼して、両手でお茶碗を包むようにして飲んだ。

用件を終えて、帰途、あのような雑な飲み方かと思いつつ、しかし、改めて繰り返し思い浮かべていると、矢野先生の飲み方は、流れる如《ごと》く優雅だったと思い始めている自分に気がついた。

なぜだろうか？　それは矢野宗粋という茶道の先生が、「基本」を身《から》に沁《し》みこませていたからだろう。その「基本」の上で、あの飲み方が成り立つのだと思った。

あのような所作を、「基本」も知らない私が、その「雑」さだけを真似していたら、お水屋にいたお弟子さんたちも仰天して、お互いに顔を見合っていたかもしれない。

そして、私自身、以降、「基本の大切さ」が大事とは考えない、基本を押さえない、雑な日々を送り、多分、我が人生は、奈落《ならく》の底に落ちていたのではないかと思う。

そう言えば、あのイチロー選手が、あれほどの結果を残し得たのも、あれほどの長きにわたって、第一線で活躍できたのも、イチロー選手が、野球選手としての「基本」「生き方」を大事にしたからだろう。

「人生は、すべて細部に神宿る」、「人生は、すべて基本に神宿る」。「納得する人生」を願うならば、ゆめゆめ、何事も「基本」を疎かにする生き方は、すべきではないだろう。自戒をこめて、そのように思っている。

仕事を処理するコツは、3Jにあり

1週間で、と言われて
1週間で、と最初は思ったが
2日も経つと
「きみ、あれ、出来たか？」と
松下幸之助さんが言う

「京に住む人が、急に東山に行く用事が出てきて、出かける。しかし、そこに行き着く頃、いや、これは西山のほうに行ったほうがいいと思うならば、すぐに取って返し西山に向かうべきだ。せっかくここまで来たんだから、とりあえず、ここで為《や》り、西山へは帰って出直そう、と思うと、実は一生、西山へは行かないことになる。

西山に行くべきだと思ったら、東山まで辿《たど》り着いていても、踵《きびす》を返して、西山に行きなさい（それが出来る男の行動なんだ）」というようなことが、吉田兼好《けんこう》の『徒然草《つれづれぐさ》』第１８８段にある。

また、続いて、「大勢で集まっているとき、ふと、ある人が、ますほの薄《すすき》か、まそほの薄か、と言い出した。すると、それは、摂津の上人が知っているはずだ、と別の人が言う。すると、登蓮という法師が、折しも雨の降っているなか、上人に訊きに行くと言う。周囲が、なにも雨のなか、わざわざ行かなくても、ととめると、法師は、人の命が雨の上がるまで待つものとお思いか。我が死に、あるいは、上人が亡くなられたら、尋ね聞くことが出来ましょうや、と言って出かけた」。

結局は、まそほの薄が正しかったようだが、兼好は、法師の、そのような行動を「ゆゆしく、ありがたう覚ゆれ」、素晴らしくも、なかなか出来ないことだと評価している。

松下幸之助さんから、当然、しょっちゅう、指示が出されたが、私は、その指示されたことを１か月で、と言われれば、２週間の内《うち》に、１週間と言われれば、３日間で、３日で、と言われれば、その晩、徹夜してでも仕上げ、報告した。

もちろん、最初から、そうしていたわけではない。1週間で、と言われて、1週間で、と最初は、そう思っていたが、2日も経つと、「きみ、あれ、出来たか?」と聞く。うん?と思いながら、「すみません。今、取り組んでいます。5日後にご報告します」と言うと、「そうか」と別に怒りもせず、うなずく。

しかし、数回、そのようなことが続くと、なるほど、待ってるんだな、と分かるようになる。分かるようになれば、松下さんからの指示は、言われたら、すぐに仕上げる、指示された時間にとらわれず、可及的速《すみ》やかに仕上げ、報告することがクセになった。

仕事が多い、多過ぎると嘆息する人もいるが、私は、20も30も一度に仕事を持っても、多過ぎるとも、多忙だとも思ったことがない。ないのは、松下幸之助さんのおかげで、仕事をすぐ処理し、「仕事の荷物」を素早く下ろし手放し、いつも身軽になっておくことを覚えたからだ。

ただ、心掛けているのは、①仕事の順番を決めること、②それぞれの仕上げ時間を決めること、③充実した仕上げにすることである（順番＝J-unban、時間＝J-ikan、充実＝J-ūjitsu ⇒３Ｊ）。

仕事の順番は、刻々と変わる。なぜなら、仕事は、常に新しく「追加」されるからだ。だから、都度、最重要はなにか、あるいは、最重要の合間に出来るものはないか。だから、必ずしも、最重要が先頭でもない。時間も、臨機応変。ただ、仕上げだけは、最重要とか合間仕事とかを問わず、充実して、良きものと心掛けてきたし、今も心掛けている。

吉田兼好ではないが、「すぐ取り組み、すぐ処理すること」、そして、なにより、「仕事という荷物を早く下ろして身軽になること」が、一番楽な仕事の仕方であり、コツのように思う。

経営者が持つべき3種類の社員

社長の優劣は
①秘書役的社員
②参謀役的社員
③補佐役的社員
の、3種類の社員を
持っているかどうかで
決まる

社長が社長として、名実共に、その職責をよりよく全《まっと》うするためには、「秘書役的社員」と「参謀役的社員」と「補佐役的社員」の、3種類の社員を、身近に持つことが大事である。

この3種類の社員を、同時に揃《そろ》い持つとき、社長は、社業において、自分の予想以上の結果、成果をあげ続けることが出来るだろう。

「秘書役的社員」は、社長の指示に従い、その指示通りに仕事に取り組み、工夫して、指示通りの成果をあげ、また、社長の指示を忠実に、周囲に伝えることが出来る社員である。

この秘書役的社員は、まさに、社長の手となり足となり、また、時に伝達者となって、正確に周囲に伝達しなければならず、それなりに、己《おの》れを滅しなければならないから、そう容易な役割ではない。

社長は、この秘書役的社員のお陰で、やりたいこと、自分の言いたいことを、いくつも実行、実践、実現していくことが出来る。

「参謀役的社員」は、社長の指示を受けても、自分が判断し、その指示が正しいと思えば、これを命がけで実行し、しかし、社長の指示が適正適切でないと判断するなら、その指示に対して、社長に、己れの首を賭《か》けても、諫言《かんげん》する勇気がなければならない。だから、極めて覚悟が求められる役割である。

しかし、社長が、この参謀役的社員を遠ざけ疎《うと》んじ、果ては、会社から追放するとすれば、それは、自身がバカ殿になるばかりか、自身で自分の首を絞め、身を滅ぼし、会社を滅ぼす自殺行為であることを承知しておくべきである。

社長は、この参謀役的社員の存在によって、自分の戦略、対策の是非を確認、学び続けることが出来るだけでなく、社長として、経営者の階段を一段一段、確実に上っていくことが出来るだろう。

「補佐役的社員」は、社長の「言葉の指示」ではなく、「心の指示」を理解し、受け止め、事を必ず成功させる社員である。

社長は、もちろん、人間である。思い違いだけでなく、戦略的勘違いや言い間違いを無意識にすることがある。しかし、補佐役的社員は、そのことを一切指摘しない。言葉ではなく、その心の指示を聞き終えると、分かりました。そのご指示の通りに取り組みます、と応える。

そして、事を成功させると、社長のご指示通りに取り組んだ結果、かくかような成果をあげることが出来ました。ありがとうございました、と報告する。

社長は、指示をしたあと、しばらくして大抵は、自分の指示の間違いに気づく。呼び戻して指示を訂正しようかどうしようかと思い続けているとき、補佐役的社員が、自分の思った通りの成果をあげ、報告に来る。

社長は、その補佐役的社員に、内心、心の中で感謝する。このような対応をすることが出来る社員を見つけることは、盲亀《もうき》の浮木《ふぼく》（15頁参照）に等しいほど難しい。

しかし、いずれにせよ、社長が、以上の3種類の社員、すなわち、「秘書役的社員」、「参謀役的社員」、「補佐役的社員」を身近に持ったとき、社長は、意の如《ごと》く、会社を成長させ、社員を喜ばせ、お客様を満足させ、社会を発展させることが出来ることを知っておくべきである。

松下幸之助さんとその幹部社員の群像を、23年間、間近で見続けてきて、そのように思う。

「人間、偉大な存在」という人間観

人間は、万物に対して
「大きな責任」を
自覚しなければならない
そのためにも

「人間は、偉大な存在」
という人間観を
今こそ確立すべきである

松下幸之助著『人間を考える』の提唱文にある「人間には、この宇宙の動きに順応しつつ、万物を支配する力が、その本性として与えられている」という一節は、読む者に強烈なインパクトを与えるだろう。

著者は、通念としての、「人間は、弱き存在」、「人間は、卑小《ひしょう》な存在」、「人間は、罪深い存在」などという「人間観」に、真っ向から反対している。

1000年、2000年前の「荒涼たる砂漠」や、「飢餓《きが》の風景」の中から生まれた人間観が、今日の「燦然《さんぜん》たる景観」や、「殷盛《いんせい》の風景」の中で通用するのか。

人間の諸行が、地球をも破壊する力を持つようになったにもかかわらず、依然として、

「卑小な存在」、「弱き存在」という「人間観」を持ち続けていいのか。そのような無責任な人間の諸行は、「人間、弱きもの」という人間観から生み出されているのではないか。

「弱き存在」、「つまらぬ存在」、「罪深き存在」と考えるならば、必然、その責任もまた、小さくなる。「無責任」になる。当たり前だろう。

幼児の振る舞いと同じ。責任が小さいと思えば、人間、勝手に横暴に振る舞っても構わない。自然がなんとかしてくれる。時の流れがなんとかしてくれる。人を殺しても、どうせ、相手の人間はつまらぬ存在だから、構わん、いいだろうと思うだろう。そして、行き着く先は、大量殺戮《さつりく》の戦争となる。

そうではなく、人間は、「偉大な存在」、「宇宙に君臨する存在」、「王者たる存在」という、大人の「自覚ある人間観」を持つべきではないか。そのような人間観が確立されれば、お互いに、「無限価値を持つ存在」として尊重し合うだけでなく、人間が、「とてつもない大きな責任」、すなわち、「他人に対する責任」、「万物に対する責任」、「自然に対する責任」、

「宇宙に対する責任」を負わなければならないという「大いなる責任」を自覚するようになるし、「万物への慈《いつく》しみ」、「他人への配慮、思いやり」も出てくるだろう。

確かに、「小さな存在」と言いながら、人間に「大きな責任」を求めるのは、どだい、可笑《おか》しなことである。

「大きな責任」、「無限の責任」を追求するためにも、今、「人間、偉大なる存在」という「人間観」が必要ではないか。そのように、松下幸之助さんは、本書『人間を考える』で、強く主張している。

松下さんは、この「人間、偉大な存在」という「人間観」を、二十数年間、考え続け、まとめ終わったとき、「もう、死んでもいい」と呟《つぶや》いた。松下幸之助さん、そのとき、77歳。昭和46年、１９７１年12月であった。

その後も、それ以前も、松下さんの、すべての、さまざまな論、行動、思考は、この

「人間、偉大な存在」という人間観を土台として築かれ、また、ここから発していると言える。ゆえに、「松下幸之助」を論ずるなら、この『人間を考える』の本源である、松下さんの「人間観」を感得し、「人間大事」を理解してから、論じなければなるまい。でなければ、まるで、「土台なき高層ビルの如《ごと》き論」となるは必定である。

松下幸之助さんが、「人間は、偉大な存在」と同時に、「人間の無限の責任」を、平易な文章で、前述のように、厳しく追求しているが、眼光紙背《がんこうしはい》に徹して、その本義を読み取る人は、必ずしも多くはないかもしれない。

しかし、その平易な言葉、平易な文章ゆえをもって、侮《あなど》るべきではない。難解な言葉を駆使して、まるで呪術《じゅじゅつ》師のように、大衆、聴衆、読者を幻惑する論より、遥かに深遠、かつ、これからの時代に、我々人間が持つべき「人間観論」であることは間違いない。

松下幸之助さんの、究極の「警世の人間観論」であり、「警世の書」。とりわけ、若い人たちに、是非一読することをお薦めしたい。

人を思いやる「ひと言」の大切さ

うん、この炊飯器で
炊《た》いたご飯、
美味しいわ
すまんが、もう一杯
おかわりするわ

松下電器産業（現・Panasonic）の役員会。そのとき、炊飯器事業部から、業務用炊飯器の試作品が持ち込まれた。

家庭用炊飯器が一巡し、次の炊飯器として業務用に取り組み、その試作品が出来たからだ。その試作品を、各役員が、ああでもない、こうでもない、そこは良くない、そこは改良をしたほうがいいと、次々に指摘する。

その間、松下さんは黙って、一度も口を開くことはなかった。そうこうしているうちに、昼食時になった。各役員の前に、いつもの役員弁当が配られ、それぞれの役員は、その弁当を食べ始める。

そのとき、松下さんは、「この弁当のご飯ではなく、この試作品の炊飯器で炊いたご飯、食べるわ」と言う。びっくりしたのは、試作品を持ってきた技術者たち。今まで役員たちから、散々、そこを改善せよ、あれは良くないと言われ、しょげかえっていたからだ。

恐る恐る、試作品で炊いたご飯を出す。茶碗一杯を食べると、「うん、この炊飯器で炊いたご飯、美味しいわ。すまんが、もう一杯、おかわりするわ」。

その松下さんの「ひと言」に、徹夜徹夜で取り組んだ技術者たちは、報われたと、感激のあまり、なかには涙ぐむ者もいたと、そのときの技術者の一人が話をしてくれたことがあった。

これは、東京の有名ホテルのフランス料理を二人で食べに行ったときの話。若い私は、次から次に出てくる料理をたいらげていたが、松下さんは、少しずつしか食べない。当然、テーブルに、いく皿かそのまま置かれている。

う〜ん、口に合わないのかなあと思っていると、「きみ、シェフを呼んでくれ」と言う。驚いた。ここの料理は、わしの口に合わないなどと言うのだろうか。と思いながら、席を立って、シェフに頭を下げ、松下さんの席まで来てもらった。

コック帽を両手で握り、シェフが緊張してやって来た。私は料理どころではない。私も緊張して椅子に座った。と、松下さんは、微笑《ほほえ》みながら、シェフに言った。

「あんたのつくってくれた料理、美味しかったよ。けどな、わしは、もうこの歳やからな、食が細くなってな、だから、食べきれんかったんや。こうして、残したけどね、不味《まず》くて残したんやないんや。美味しかったけど、そういうことで、残したんや。あんた、だから、気ぃ悪くせんといてな」

そう言われたシェフは、それまでの緊張から満面の笑みに変わり、「いえ、そう言って頂き、まことに光栄でございます」と言いながら、何度も何度も頭を下げていた。

松下さんの、人を思いやる配慮に、私はいたく感動したことを、今でも忘れることはない。業務用の炊飯器の試作品をつくった技術者たちも、このシェフも、今でもそのときの松下さんの「ひと言」を忘れてはいないだろう。

このような話を、松下さん自身が語ることはなかった。しかし、松下幸之助という人の「ひと言」には、たとえ、厳しさの中にも、相手の尊厳に対する限りない敬意と優しさがあったように思う。

今日は、経営者の勉強会であった。つまるところ、経営者は、理論、正論も大事だが、それ以上に、人望力、人徳が大事ではないかということを主題にして、実践的な経営の仕方について、話をしてみた。若い経営者たちは、理解できただろうか。

思い出す、松下幸之助さんの言葉のいくつか

冷静に判断し
それから
そっと情をつけや

Ｔ氏は、かつて、ＰＨＰ研究所の社員。人事部に在籍。彼が、Facebookに、「まずは、〝理〟で、そして、そっと〝情〟を添える」、と題して載せているのを、一読した。

昭和51年（１９７６年）４月23日、京都の楓庵《かえで》の居間で、松下さんから、経営を担当するように指示されたとき、

「これから、冷静に判断して、そっと情をつけるようにせいや」と言われたことを思い出した。

その前々年の、

「心を許して遊ぶ者は、経営者たる資格がないな」と言われたこと。

また、その前年には、

「勝てば官軍という経営はすべきではない。業績を上げることも大事だが、業績の上げ方も正しくないといけない」と言われたこと。

「わしの言う通りに、やるんやったら、きみは要《い》らん！」と言われたこと。

「きみは、社員の家族のことは考えてへんのか！」と言われたこと。

「部下を叱《しか》るときは、心の中で、手を合わせながら叱れ」と言われたこと。

「風の音を聞いて、悟る人もおるわなあ」と言われたこと。

「社員の汗を思い浮かべて、経営をせんといかん」と言われたこと。

「窮屈はあかん。窮屈は人を成長させんし、幸せにはせんな」と言われたこと。

「社員に従いつつ、社員を導くように」と言われたこと。

「変えたらいかんものは、変えたらいかん」と言われたこと。

「ほかに頼ったらいかん。自主自立の経営をせんとあかんな」と言われたこと。

「竹林の七賢《しちけん》ばかりでは、世の中、発展せえへんわ」と言われたこと。

……などなど、次から次へと思い出される。

そして、松下幸之助さんから言われた言葉を必死に守り抜いたこと。また、社員もよく力を存分に発揮してくれたことなど、ある人のコメントを懐かしみながら、読んだ。

※T氏のコメント

江口社長の部下指導

「先《ま》ず、〝理〟で、そして、そっと〝情〟を添える」

ＰＨＰ研究所は、一般の会社に比べれば不祥事は皆無に近い組織でしたが、10年に一度ぐらいは、不心得者が出ることもありました。

そういうとき、例えば創設者が同じＰ社（Ｐ社では創業者）なら、異動や降格で済ますような事案でも、それ以上に厳しい処分で臨まれました。

「世のため人のために」松下幸之助翁がつくった会社の一員ですから、当然と言えば当然ですが、なかなか出来ないことです。

しかし、処分しっぱなしということはありません。処分をきっかけに退職した人が再就職するまでの生活費にも心を配るよう人事部に指示がありました。
〝理〟と〝情〟いずれも疎《おろそ》かにしてはいけませんね。

商《あきな》い冥利《みょうり》

よう覚えておきや
これが商い冥利
商売人としての最高の幸せ
というものなのだ

昔、有名な老舗《しにせ》のお菓子の店があった。その店は、老舗ゆえに、饅頭一つの値段も半端ではない。半端ではないが、非常に美味しく、それだけに、普通の家の人はあまり買いに来ないが、お金持ちが次々に買いに来る。

そのようなお店に、ある日、みすぼらしい身なりの人が入ってきて、おどおどしながら、震え声で「そのお饅頭を一つください」と言う。いつものお客は、お金持ちか、そのお使い。しかも、饅頭一つということはない。

お店の小僧は、無愛想に応じ、饅頭一つを包むが、手渡すのに躊躇《ちゅうちょ》していると、その店の主人が奥から、さっと出てきて、「自分がお渡しするから」と、饅頭一つの包みを受け取り、直接、みすぼらしい身なりの人に手渡し、代金を受け取ると、深々と頭を下げ、「まことにありがとうございます」と言うと、出口まで見送り、また、深々とお辞儀までした。

小僧は、非常に驚き、主人に尋ねる。

「これまで、どのようなお客様がおいでになっても、ご主人がご自分でお渡しするようなことはなかったと思います。いつもは番頭さんがお渡ししていました。今日は、どうしてご主人が、あんなみすぼらしい、しかもお饅頭一つのお客にお渡しになったのですか」

すると、主人は、

「よう覚えておきや。これが商い冥利（＝商売人として最高の幸せ）というものなのだ。なるほど、いつもご贔屓《ひいき》にしてくださるお客様は、確かにありがたい。しかし、いつものお客様は、みなお金のある、立派な人や。だから、うちの店にこられても不思議はない。けどな、あの人は、いっぺんうちのお饅頭を食べてみたいということで、自分が持っている一銭か二銭の、いわば、なけなしの全財産をはたいて買《こ》うてくださった。こんなありがたいことはないではないか。

そのようなお客様に、主人の私が直接お渡しするのは、当たり前のこと。それが商売人の道というものだ。よう覚えておきや」

この話を松下幸之助さんは、自著（『商売心得帖』商売冥利）にも書いているが、時折、雑談しながら話してくれた。そのたびに、なかなか深い話だと思った。

私に言って聞かせるように話す松下さんの表情とともに、この話を、私はいかなるときも、忘れることはない。

真夜中、早朝の電話で話したこと、あれこれ

別に用事はないんやけど
ちょっとイライラしてな
きみと話したら
そのイライラが治るかもしれん
と思って
電話したんや（笑）

松下幸之助さんから、よく夜中、早朝に電話がかかってきたという話をすると、どんな話だったかと質問されることがある。

その内容は、さまざまである。仕事の話、新しい仕事の指示、相談、松下電器の役員人事、ときに、松下家のこと。もちろん、叱《しか》られたり、ほめられたりすることもあったが、その頃のメモをパラパラ拾い読みしてみると、おおよそ、60％は、雑談である。一つ、二つ、書き記してみたい。

昭和54年（1979年）8月のメモによると、夜中の1時半頃の電話。今と違って固定電話だから、鳴れば、眠っていても、飛び起きて、受話器を取った。

「江口くんか。わしや。いや、別に用事は、ないんやけどな（笑）。ちょっとイライラしてな。きみと話したら、イライラが治るかもしれんと思って電話したんや。まあ、疲れのほうは大丈夫や。心配せんでええ。わしは、そう簡単に死にはせんよ（笑）。

だいたい、わしはな、からだが弱かったやろ。肺病やな。その頃の肺病は殆《ほとん》ど死ぬんや。商売はじめてしばらくして、また、具合が悪くなってな。入院しに行ったんや。

それまでは、あかんあかんと言われても、金がないからな、治療なんか受けられへんかった。まあ、商売はじめてな、多少、そういう余裕もでてきたからな。そいで、そのとき、病院へ行く途中、三べんほど、血ィ吐《は》いてな、もう、あかんかいな、と思ったな。

わしは、何度か、もうダメやと思うようなことに出会ってきたけど、その都度、不思議に生き抜いとるんや（笑）。そやから、きみ、わしのこと、心配してくれるのは、ありがたいけどな、大丈夫や。

だいたいな、戦さしとってな、矢弾《やだま》が飛んでくる。その中で、矢弾に当たる大将もおれば、同じようにしていながら、矢弾に当たらん大将もいるんや。わしは、矢弾に当たらんほうや（笑）」

などと、一時間ほど、お互い、ケタケタと話をしているうちに、「まあ、気分が、ようなったわ、やはり。きみ、からだ、気ィつけや」。

今、思えば、真夜中に、電話とはいえ、私のケタケタ笑う様子を誰かが見ていたら、さぞ、不気味であったことだろう。

これは、昭和51年（１９７６年）５月の、朝６時半頃の電話である。

「別に用事はないんやけどな、テレビを観ておったらな、高校の歴史講座というんかな、日本史の講義を、どっかの大学の先生がやっておったけどな。

それを観ておったら、『古事記』とか、『日本書紀』の、そのつくられた過程を説明しとるんや。ところがな、それが、いかにも天皇さんの作為というか、天皇さん個人が自分の都合のいいようにつくったんやと言うて、説明しとるんや。

八つの島をつくったとあるが、荒唐無稽《こうとうむけい》な話なんやと言うとるんやな。また、奈良の大仏さんの建立《こんりゅう》にしても、多くの民衆の塗炭《とたん》の苦しみによってできたと言うとるんやな。

そりゃそういう面もそれぞれあったかもしれんけど、一面、天皇さんにしても、日本を良く治めたいという思いもあったやろうし、大仏さんを造るんでも、人心の安定とか、仏教の興隆を願うといった、そういう思いもあったろうと思うな。

それを、もう全部、悪かったように言うとるんや。なんとか良くしたいという思いでやったことも、いわば、悪意で解釈している。

どんなことでも、いろいろな考え方が含まれているんやから、それを考えるときには、みんなが幸せになるように捉えんといかんのやないやろうか。

日本の歴史が偽りの歴史であり、邪悪な歴史であると考えたりする姿は、自分たちの国、自分たちの祖先を貧困に見ている姿や。

なんでも、そうやけど、いったい悪意から、なにがうまれるんやろうか。せっかく、日本は、いいものを持っているのに、わざわざ悪くするように言うのは、まるで、金《きん》になるものを、鉄にしようとするのに似てるな」

松下幸之助さんは、いろいろに考えることが出来るならば、人間を不幸にする考え方をしないほうがいい、日本人がダメになる考え方はしないほうがいいのではないか、ということである。

このときは、２時間ほど、話しが続き、ついには、大東亜戦争の意義、太平洋戦争の特攻隊員の話にまで及んだことを覚えている。

とにかく、時間、平日休日関係なく、電話がかかってきたし、よく呼び出されたことを、今は昔、メモをめくりながら、懐かしく思い出している。

30代で勝負をかけることが、その後の成功に繫《つな》がる

30代が大事
苦労を厭《いと》うな
立ち向かい、勇気をもって闘え
その気迫を持ち続けるならば
その人は
生涯、青春である

経営を担当してから、2年目の2月（私の誕生月）、日曜日。朝から、松下幸之助さんと雑談。あれやこれや、話をしているうちに、「私は、今月で38歳になりました」と話をすると「うん、きみ、若いなあ」と言う。83歳の松下さんからみれば、確かに若い。

「キミ、38歳か。いちばんええときやな。忙しいかもしれんが、いろいろ苦労せんといかんね。ただなにがなしに育つというんでは、本当に厳しいときに、よう生きていけんよ。
昔から、若いときの苦労は、買ってでもせよ、と言われておるけど、ほんまや。若いときに苦労しとかんと、人間としての実力も出来んし、人間的にも魅力はでんわ。

それに、苦労して、苦労して、それを乗り越えてきた者は、どんなことがあっても挫《くじ》けんし、大抵は成功するな。苦労というと、困ったな、かなわんなと思うわな。

けど、そういうように思うのではなく、苦労を喜んで迎える、困難を喜んで受け入れることが大事やな。近頃は、血のにじむような苦労をせんな。なあ、あまりせんな。

ほんとうは、この血のにじむような苦労をせんとね。その時期は、やはり、30代やな。いちばん伸びるときは、30代や」（拙著『松下幸之助随聞録――心はいつもここにある』１０１頁）。

松下幸之助さんは、自分を振り返りながら、大いに笑い、機嫌よく話をしてくれた。

その8年前、私が丁度、30歳になったときも、「30歳になったということなら、これから、きみの勝負が始まるということやな。この10年を、どう過ごすか、大事やで。頑張ってな、日々新たでやったら、ええわ」と言ってくれた（拙著『ひとことの力』172頁）。

確かに、松下さんは、経営理念や綱領・信条、また、基本方針を明示したのは、34歳。輸出事業を開始したのも、37歳。事業部制を考え出し実施したのも、38歳など、のちの松下電器の礎《いしずえ》を、30代でつくっている。

そのとき、「きみ、加藤清正、知っとるやろ。あの清正も、27歳で城主となり、熊本城をつくったのは、30代や」と言って励ましてくれた。

清正だけではない。幕末から明治維新にかけて活躍した人たちの年齢を見てみると、アメリカのペリー提督が来航した嘉永6年（1853年）を基準にすると、西郷隆盛は26歳、吉田松陰は24歳、福沢諭吉は19歳、坂本龍馬は18歳である。

当時の平均寿命は50歳前後だったというから、今日の80歳に換算すると、西郷隆盛は42歳、吉田松陰は38歳、福沢諭吉は30歳、坂本龍馬は29歳。

まさに、松下さんが言うように、「人生においては、30代が勝負」ということは言えるように思う。

加藤清正の話は、昭和55年（１９８０年）、松下政経塾の第1期生の入塾式でも話をしている。松下政経塾の塾生たちが、果たして、松下さんの期待通りに成長したのかどうか、大いに疑問だが、それはそれ。ともかく、若者に話すときは、よく、加藤清正の話をしながら、30代が人生を決める、30代に命懸けで過ごすことが大切だと説いていた。

松下幸之助さんの言葉に、「青春とは、心の若さである。信念と希望にあふれ、勇気にみちて、日に新たな活動をつづけるかぎり、青春は、永遠にその人のものである」があるが、その青春とは、あるいは、心の若さとは、30代の滾《たぎ》るほどの思いということではないか。

人生は、やはり、30代をいかに生きるか、手抜きせずに格闘するかに尽きるということだろう。

松下幸之助さんが、94歳まで、信念と希望を持って生き続ける事が出来たのは、「30代に、勝負をかけた生き方をしたからだ」と言えるかもしれない。

「わしが悪かった」

きみが言うことのほうが
正しいわ
わしが悪かった

松下幸之助さんに叱られたことは数知れない。しかし、「私が、松下幸之助さんを叱った」ことが、数回ほどある。このように言うと、まことに不遜《ふそん》と思われる方も多いと思うが、松下さんの一面を見て頂きたく、そのうちの一つを書いてみたい。

もう、今は止《や》めてしまっているが、昭和58年（1983年）、松下幸之助さんの指示で、「世界を考える京都座会」（1983〜2010年）という名称の、シンクタンク活動を展開したことがあった（詳細は、拙著『ひとことの力』東洋経済新報社刊　178頁に記載）。

メンバーは、天谷《あまや》直弘、加藤寛《ひろし》、堺屋太一、渡部昇一、山本七平、高坂正堯《まさたか》、飯田経夫など、11名の諸先生であった。毎月第4日曜日の、お昼から16時まで行われていたが、毎回、非常に活発な議論が続いた。松下さんも亡くなる数年前まで、毎回、出席していた。

なにせ、博覧強記《はくらんきょうき》の先生たちばかりだから、いつも議論が尽きることはなかったが、活動を開始して翌年、1984年に入ると、議論の中から、学校教育への提言をしようということになった。

議論検討を重ね、その夏、ようやく、意見がまとまり、提言文がまとまった。そして、広く世に訴えようということで、書籍化するだけでなく、松下さんも賛同して、新聞に全面の意見広告を出すことになった。

ところが、掲載予定日の3、4日前に、松下さんが、「あれ、止めよう」と言い出した。「どうしてですか」と尋ねると、「松下電器の役員たちが反対するんや。無理せんとこう」と言う。

それを聞いた私は、怒り心頭、松下さんに激しく言った。

「意見広告を出すことはご自身も、その場で、賛成しておられたのではないですか。日頃、お国のため、国民のためと自分で言いながら、止めよとは、どういうことですか。まして、松下電器の役員たちが言うから、というのは、解《げ》せません。日本とか、国民より、松下電器のほうが大事なのですか。その程度の思いだったのですか」

重ねて、「日頃、お国第一、国民第一、だから、そのために松下電器が、いかようになろうと構わん、と言っていたのは、誰ですか。その程度の思いだったのですか」などと、激しく言う私の話を、松下さんは黙って聞いていた。もう遅い時間でもあったので、「分かりました。止めると言われるのなら、ご指示に従います」と席を立ち、帰宅した。

さあ、明日朝一番から、広告代理店、新聞社にどう対処するか、どう断りを入れるか、ペナルティーは、いくらほどになるのか、など、頭の中で、ぐるぐる何回転もさせながら、家に帰った。

その直後に、電話がかかってきた。瞬間、松下さんからだと察した。叱られることを覚悟しながら、受話器を取った。

「わしや、さっきの話やけどなあ……」、一瞬、緊張して、「先ほどは、すみませんでした」と言うと、「いやいや、あれから考えたんやけどな、きみの言うことのほうが正しいわ。わしが悪かった。意見広告、あれ、予定通り、出そ。誰がなんと言おうと、出そ。きみ、進めてくれや」。

その「わしが悪かった」というひと言に、私は、震えるほどの感動を覚えた。と同時に、「やはり、松下幸之助という人は、偉大な人だ」と思ったことがあった。

「さんづけ呼称」で、社内の風通しが良くなることはない

肩書呼称が
社内の風通しが悪い元凶ではない
さんづけ呼称は
責任感を希薄にする
社長が、「和顔愛語・人間大事」に徹すれば
一瞬にして
「社内の風通し」は良くなる

社内で、社長が「恐怖政治」を行ってはならない。「恐怖政治」は、必ず組織を硬直化させ、部下が育たない。なにより、「社内の風通し」が悪くなる。

会社の業績が下降すると、それは「社内の風通し」が悪いからだ。だから、これからは、「肩書呼称」を止めて、「さんづけ呼称」をしようと言い出す会社が多い。しかし、「さんづけ呼称」をしても、必ずしも、社内の風通しを良くすることにはならないということは、知っておいていい。

「さんづけ呼称」をしても、社長が、「恐怖政治」をしていれば、無意味である。その程度で「社内の風通し」が良くなるのなら、とうの昔から、また、すべての会社が実施しているはずではないか。

「肩書呼称」であっても、社長が、「和顔愛語」、「人間大事の哲学」を持っていれば、組織は柔軟になり、風通しが良くなる。

要は、社長が傲慢《ごうまん》に、「上から目線」で社員を見、「恐怖政治」を行う限り、「さんづけ呼称」をしても、「社内の風通し」が良くなるはずもない。

「社内の風通し」の良し悪しは、松下幸之助さんの指摘通り、「社長一人《いちにん》の責任」である。

アメリカでは、「さんづけだ」、「ファーストネームで呼び合っている」と若者は言うが、それは、最初から、リストラ、転職、降格人事が、常識になっているからだ。そういう経営風土のない日本で、「さんづけ呼称」を「社内の風通し」の大義名分にすることは、アメリカの生水を煮沸せず飲むのに等しい。

また、「肩書呼称」が「風通し」を悪くし、「さんづけ呼称」が「風通し」を良くするというのなら、商談で、相手の、たとえば、大企業の社長を、「山田さん」、「岡田さん」と呼んでみたらどうか。しかし、それで商談が上手《うま》くいく可能性は、ほとんどないと覚悟しておいたほうがいい。

さらに「肩書呼称」が問題だ、「さんづけ呼称」がやはりいいと思うならば、子どもに「お父さん」、「お母さん」と呼ばせるべきではない。子どもに「マスオさん」、「サザエさん」と呼ばせたらどうか。

なにより、「さんづけ」で呼べと言うのなら、名刺の肩書を書くことをやめるべきだ。名刺には、肩書を書いておいて、「さんづけ呼称」はあるまい。

社長は、「さんづけ呼称」を実施して、それぞれの責任感を希薄にさせ、組織を弱体化させる愚かな策を取るべきではない。「さんづけ呼称」をするよりも、社長が職場を回って、社員に、部下に、「同じ目線」で声をかけたほうがいい。

社員の心、部下の心に優しく声をかけたほうがいい。必ず、社内は、風通しが良くなる。組織は、うって一丸となる。

松下幸之助さんは、松下電器で「さんづけ呼称」を実施したことはなかった。松下さんは、「和顔愛語・人間大事の哲学」で、「社内の風通し」を良くし、組織は常に、生き生きと活性化していた。

社長は、「上から目線」、傲慢な態度で、社員にものを言うべきではない。上司は、部下に虚勢を張って、ものを言わないほうがいい。同じ目線で「大将は人（部下）に言葉をよくかけよ」（山本常朝著『葉隠』）。そうすれば、「社内の風通し」は、必ず良くなる。

繰り返すが、個人企業、友だち企業、家族企業は、ここでは、まったく対象にしていないが、大企業、中小企業を問わず、「社内の風通し」が悪いのは、「肩書呼称」にあらず、社員の責任にあらず、ただただ、「社長一人《いちにん》の責任」である。

松下幸之助さんの最期の言葉

いや、お願いするのは

こちらのほうです
よろしく
お願いします

平成元年４月に入ると、松下幸之助さんの容態は、いよいよ厳しいという状況になった。肺の状況から回復は難しいという。

そのことは承知していたが、４月４日、報告の予定になっていたから、予定の取り消しをしようと確認すると、来てくれという。10分ほどのつもりで、訪ねた。

松下さんは、ベッドで横になっていたが、その状況を予想して、寝たままでも見てもらえるように、３枚の発泡スチロールのボードに、大きめの字で報告内容をまとめた用紙を貼っていたので、それを持って、横になっている松下さんに、手短に報告しようとすると、無言で、傍《そば》のテーブルを指差し、そこで報告を聞くという。

とにかく、容態が気がかりで、３枚のボードで、素早く、経営状況、そして、研究、出版、普及（＝営業）、友の会など、諸活動の状況を報告すると、その間、松下さんは食い入るようにボードを見ながら、うん、うんとうなずいていたが、ひと言も発することはなかった。

しかし、私が報告を終えると、初めて、かすかな声を発した。

「ＰＨＰの活動が、こんなに大きくなるとは思わんかった」

松下さんの顔を見ると、涙が流れていた。私は、こみ上げる熱いものを感じ、感動しつつ、私も心の中で泣いた。と同時に、これが、松下さんへの最後の報告であり、松下さんからのＰＨＰ社員全員に対する「最期の言葉」だと直感した。

11日頃から呼吸が困難となる。そして、25日、主治医の院長が、頻繁になった痰《たん》の吸引をするため、「すみませんが、ちょっとご辛抱をお願いします」というと、松下さんは、声を振り絞るように、

「いや、お願いするのは、こちらのほうです。よろしくお願いします」

と、やっと聞き取れる声で応えたという。これが松下幸之助さんの「最期の言葉」となった。

院長は、数年後の手記で、「人の死なんとする。その言やよし、といいますが、苦しい臨終《りんじゅう》の床にありながら、なおも相手を思いやる人間性には強く心打たれたものです」（横尾定美著『心身一如　松下幸之助創業者に学ぶ健康哲学』）と書いている。

その2日後の27日、午前10時6分、松下幸之助という人は静かにこの世から去っていった。94歳5か月のこの世での生涯であった。

寂しかった。慟哭《どうこく》した。涙が止まらなかった。そして、涙の中で、私は、これから、「松下幸之助の言葉」ではなく、「松下幸之助の心」を、いよいよ多くの人たちに、命の限りに伝えていこうと強く誓ったことが、昨日のように思い出される。

師の心　伝へ伝へよ　白き蝶　（かつひこ）

平成最後の4月27日は、松下さんと別れて、丁度、30年目の日であった。

松下哲学の根本は「人間大事」である

葡萄《ぶどう》のひと房だけを
語るべきではない
その根、その幹、その蔓《つる》を
語らなければ
「松下幸之助」を
語ることにはならない

松下幸之助さんの考えの根本をひと言で言えば、「人間大事」だということである。

その松下さんの基本理念、哲学、人間観を、大抵の経営者、評論家、学者、講演者が不勉強で知らない。だから、松下さんが、いわば、生涯を通して、その実践の根底に置いた「人間大事」という理念、哲学、人間観を押さえないままに、多くの人たちが、「松下幸之助の経営」を無責任に論じ、語っている。

「人間を大事にする。これが根本だ。松下イズムと呼ばれるものがあるとすれば、それは人間を大事にすることだという以外にない」（松下幸之助『新潮45』創刊号　1982年5月、87歳）。

要は、松下さんの経営観にしても、政治観にしても、社会観にしても、教育観にしても、その他一切の考えは、それぞれが、まさに、葡萄のひと房。それらは、葡萄の根、葡萄の幹、葡萄の蔓でつながり、ぶら下がっているようなものだということ。それゆえ、ひと房の、たとえば、経営を論じ、政治を考えるとき、その経営のひと房、政治のひと房だけを論じるだけでは、不十分だということである。

その根、その幹、その蔓を前提に、松下さんの経営論なり、政治論なり、教育論を語らなければ、それらは極めて皮相的、かつ、誤解だらけの論になる。中途半端な経営論になり、中途半端な政治論になる。また、そのことが分からない後輩たちが、経営者になり、政治家になるから、せっかく松下さんが残したものが、停滞し、道を誤るようなことになる。

松下幸之助さんは、常に、「人間から出発する発想」である。「人間大事の発想」である。社員も人間、お客様も人間、大衆も人間。だから、「社員を大事に、お客様を大事に、大衆を大事に考える」のが、「松下幸之助の経営」の根本。決して、「売り上げ大事」、「利益大事」とは言わなかった。「売り上げから出発する発想」もなかったし、「利益から出発する発想」もなかった。

「いいものを、安く、たくさん」という考えも、「大事な人間に、手抜きの製品を売りつけるのは失礼だろう」、「大事な人間に、暴利を貪《むさぼ》る価格は、失礼だろう」、「大事な人間に、十分にいきわたるように、商品を提供しなければ、失礼だろう」という発想。決して、売らんがため、儲けんがための発想ではない。

松下幸之助さんについて語る多くの識者が、あるいは、松下幸之助さんを模倣する経営者が、この、松下さんの「人間大事」に触れない、あるいは、根底にせず、単なる経営論、経営観と捉えているのは、極めて浅薄、研究不足、理解不足としか言いようがない。松下さんの経営は、そのすべてが、「人間大事」の考えに裏打ちされているのである。

とりわけ、「人間大事」を忘却している今の日本の経営者たちに、松下幸之助さんは泣いているのではないかと、私は思う。経営の神様と言われた松下幸之助さんが、命を懸けて書き上げた著作が、「経営を考える」でも、「商売を考える」でもなく、まさしく、『人間を考える――新しい人間観の提唱』であったことを、ぜひ、多くの方々に覚えておいて頂きたいと願う。

第4章

松下幸之助の「経営知」を知る

「きみは、経営者として失格や」

分かっとると思って
任せておったが
分かっておらんのか
きみは、経営者として失格や

先日、ある講演をした後の質問の中で、「松下幸之助さんに叱《しか》られたことがあるか」と質問された。実は、大抵の講演後の質疑応答で、この質問がよく出てくる。

叱られたことは山ほどあるから、語り尽くせないが、一つ、二つ挙げるとすれば、一つは、経営を担当するようになってから2、3年後、赤字の月刊誌の定価を120円から150円に値上げすることをお願いしたときのことである。何度もお願いしたが、松下さんは、中学生にも読んでもらいたいからと言って、頑《がん》として、１２０円に据え置こうと言う。

松下さんが強く言うのだから仕方がない。「分かりました。１２０円のままで。しかし、この月刊誌は赤字ですから、全体の経営の中で吸収し、経営全体では黒字にするように努力します」と、私は、喜んでもらえるという思いで、応えた。

ところが、その途端、松下さんの表情が一変、怒気を含んで、「きみ、今、なにを言ったんや。誰が月刊誌は赤字でええと言ったんか。誰も言うてへんで。なあ、きみ、だれが赤字でええと言ったんや」と叱責《しっせき》された。

「一つのところで、赤字でええとしたら、他の黒字のとこの人たちも、ああ、赤字を出しても、同じぐらいの給料がもらえるんやな。なら、別に苦労して、黒字にせんでもいいんやなと思う。

また、赤字のとこの人たちは、ああ、赤字でも、それなりの給料はもらえる。なら、今のままでいいと思う。それが人情や。分かっとると思って、任せておったが、それを、きみは分かっておらんのか。きみは、経営者として失格や！」

松下さんの言ってることとは、AとBとCの事業があるとすると、Aの事業は、5の黒字、Bの事業は、2の黒字、Cの事業は、3の赤字で、全体として、4の黒字でも、Cの事業の赤字を許していると、やがて、悪貨が良貨を駆逐するように、ついには、赤字体質が、会社全体に蔓延し、最後には、倒産消滅するということだ。

なにより、黒字を出して、税金を納め、世の中に還元、貢献すべきだという考えを強く持っていた。赤字では税金を納めず、世の中に還元、貢献できない。だから、赤字は罪悪だとすら言明していた。

その話を絡めて、それから延々と2時間ほど、同じ内容、同じ言葉を繰り返しながら、完膚《かんぷ》なきまでに叱られた。

松下さんの厳しい叱責を受け、翌日から、とにかく、部署の人たちと必死に取り組み、全員がさまざまな知恵を出す。さまざまな対策を出した結果、どうにもならないとあきらめていた月刊誌を、僅《わず》かながら、黒字にすることが出来た。

松下さんに報告すると、「そうか、黒字になったか。きみんとこの人たちは、優秀やなあ。そういう人たちがいるんやからな、きみんとこは、これからも、もっともっと発展するで」とニッコリ笑って言ってくれた。

なにより、嬉《うれ》しかったのは、「きみんとこの人たちは、優秀やなあ」と言ってくれたことだ。普通の人であれば、「きみ、よくやった」と言うだろう。そうではなく、「きみんとこの人たちは、優秀やなあ」という言葉は、これ以上の私に対するほめ言葉はないと感じた。直接ほめられる以上に、嬉しかったことを思い出す。

もう一つは、私が経営状況を報告するとき、利益を今月も確保しました、今期の利益は8％です、と報告していたが、2年目の報告のとき、厳しく叱責された。紙幅の関係で、詳細は割愛するが、「きみ、利益、利益とばかり言っとるが、世の中に、どれだけ役立ったかを報告せんかい」と激怒された。

私としては、創設以来30年間、赤字の会社を、松下さんが心配し、ときに、活動を中止しようか、運動をやめようかと悩んだことを知っているので、経営を引き受けてから、安心してもらおうと、そのような報告になったのだが、「利益」と「社会貢献」の内容も、詳細に報告すべきであったと、そのとき、反省した。

松下幸之助さんは、「利益は社会に貢献した結果」という考え方を持っていたからだが、以降、取り組み始めた研究活動も、社会活動なども、経営状況と同じ比重で詳細に報告するように心がけた。

まだまだ、叱られた回数は、数知れずだから、いくらでも書き綴《つづ》ることができる。が、ちょっとだけ、言わせてもらえば、私が、松下幸之助さんを「叱った」ことも何回かはある。

「生きた経営」こそ真の経営

人は誰でも
「なにが大事か」を
考えることが大事

Panasonicが松下電器のとき、三代目の社長を誰にするか、松下幸之助さんは、悩んでいた。

「結局、山下（俊彦）という男を社長にすることにしたわ」。ところが、松下さんは私に、「山下という男を、よう知らんけど、きみ、知ってるか？」と訊く。知るわけもない。確かに山下俊彦を強く推《お》したのは、女婿《じょせい》（＝娘婿）の社長であった。

発表後、マスコミの取材等で、松下さんは、自分が山下俊彦をはじめから、指名したかのような発言を繰り返した。

このことを、あれは松下幸之助の空言《そらごと》で、実際には社長が決めたんだという幹部が出てきた。しかし、空言であるかどうか、わざわざ言う必要はない。松下幸之助の心が読めないと、こういう発言になる。

もし、マスコミに松下さんが、「山下はどんな男か、知らない」と言ったとすれば、言われた山下俊彦は、どのように思うか。会社の創業者が、「自分が選んだ」と言わなければ、山下は、どのような気分になるか。

松下さんのほうは、いくらでも本当のことを説明できる。曰《いわ》く「まあ、よう知らんのですわ。けど、ウチは誰がやっても、社長が務まる優秀な人材が揃《そろ》ってますからな」、曰く「役員たちが、出来る男と推しますからね。私も、そう思うんですわ」。

だが、こう言われて、山下俊彦は、やる気を出すだろうか。真っ当に、社長の職務に取り組む覚悟をもつだろうか。

肝心なことは、山下俊彦に、「誇り」と「やる気」を持たせることではないか。松下さんにとっては、「事実」を言ってその気を失わせることでは、断じてない。そのことを読む力がないと、あれは、松下さんの空言だ、となる。

松下さんは、その著『思うまま』のある項で、「努力をすれば、いつかは必ず認められる」（92頁）と書いているが、同書の別の項では、「努力しても、いつも成果が表れるとは限らない」（98頁）と書き記している。

これを松下さんは、矛盾したことを述べていると指摘する識者がいたが、浅はかとしか言いようがない。前者は、努力をしない人に言い、後者は、努力すれば必ず成果が出ると信じ込んでいる人に、松下さんが言っているのだということが分からなければならない。結局は、同じことを言っている。要は、経営は、学問、理論ではないということである。

また、あるとき、猪突猛進《ちょとつもうしん》型の幹部には、「事を進めていくときは、よう考えて、慎重に進めていくことが大事やな」と話すことがあった。しかし、別の慎始敬終《しんしけいしゅう》型の幹部には、「事を進めていくときには、あれやこれやと考えておっては、あかん。慎重もほどほどにして、一気に取り組まんといかんな」と言ったことがあった（同じような話は、『論語』にもある）。

これも、一方には、「慎重にやれ」と言い、一方には、「一気にやれ」と言った、その真意は、それぞれに相手の性情に合わせての、「その人が成果をあげるための留意点」を言っているのである（仏教でいうところの「対機説法《たいきせっぽう》」）。

ゆえに、「成果をあげさせる」ということでは、「慎重にやれ」と「一気にやれ」は、「同じ言葉」と言っていい。

識者は、「言葉」を比較する。「合一性」に「理論」の根拠を置く。しかし、経営者が、「言葉の合一性」に固執して、経営に成功することはあり得ない。まさに、相手を見て、事の本質を見抜いて、変幻自在に対処し法を説かなければ、「生きた経営」は出来ない。

余談になるが、このところ続いている経営のマニュアル化、図式化、パワーポイントによる経営講演は、「生きた経営」に対応できるのか。それは、ほとんど無稽《むけい》を意味している。

マニュアル以外の、想定外の事態には、どう対応するというのか。

マニュアル化できるほど、経営は単純ではない。理論化できるほど、「生きた経営」は簡単ではない。「状況を限定したマニュアル」、「想定外に対処不能のマニュアル」、「死んだ図形」、「死んだ学説」で、「生きた経営」を処することは出来ない。

それはともかく、経営にとって、本質はなにか、大事なことはなにか。「言葉の合一性か、経営の成功か」、「画一的な言葉か、相手の性情に合わせた言葉か」、「社員にやる気を失わせる話か、やる気をかき立てる話か」。

とりわけ、このところ、「松下幸之助の言葉を弄《もてあそ》ぶ者」が、雨後《うご》春筍《しゅんじゅん》の如《ごと》く出てきて、「松下幸之助の文献」を漁《あさ》り、評論し、あまつさえ、松下さんの足下の者たちでさえも、まるで法律家のように、松下さんの「文字、文章」を引用しながら、是非を論じ、論評し、著述し、講演している。

「師の跡を求めず、師の求めたるところを求めよ」という言葉は、芭蕉《ばしょう》の言葉だとか、孔子《こうし》の言葉だとか、空海《くうかい》の言葉だとか言われているが、それはどちらでもいい。松下さんの「言葉漁り」をしている人たち、後輩たちに、この言葉を、私は贈りたいと思う。

「きみは、社員の家族の命を考えて、経営をしていないのか」

夜中の帰り道
松下さんの発した
「家族」、「命」という言葉が
頭の中をぐるぐると
駆け巡《めぐ》った

経営を担当して数年経った頃、ある日曜日、午前中から、松下さんと雑談していて、その日を過ごしていたが、夕食後、ひょいと、松下さんが、「きみんとこ、何人ぐらいになったんや」と訊く。

実際、担当した時は、９億円の売り上げ、赤字の状態。社員数は、90名ほど。しかし、担当後は、社員の熱意と懸命な努力によって、どんどん売り上げが伸び、利益も確実に確保。研究活動、研修活動、社会活動も再開。その頃は、２５０名ほどになっていた。

そこで、松下さんの問いかけに、すぐ「２５０名です」と答えると、「そうか、１０００人か。大きくなったなあ」と呟《つぶや》く。

うん？　１０００人ではない。聞き間違いか、言い間違いか。改めて、「２５０人です。社員は、今、２５０人です」と言うと、松下さんは、再び、「１０００人やな」と、感慨深げに繰り返し呟く。なにを言っているのか、聞き間違いか、勘違いか。

「いえいえ、２・５・０名です」と、私が、今度は念を押すように繰り返すと、松下さんが、キッとした表情で私の顔を見つめながら、「きみ、社員の人たちの家族のことは考えてへんのか。家族の命のことを考えて、経営をしてへんのか」（当時、一世帯は平均４人であった）。

私は、「家族」と「命」という言葉、とりわけ、私にとっては唐突な「命」という言葉に仰天《ぎょうてん》した。「生活」と言わなかったことに、瞬間、驚いた。まさに驚天動地。強烈なひと言として、いまでも鮮明に覚えている。

それまで、私は、「社員に喜んでもらおう」、「社員に満足してもらおう」とは考えていたが、「家族」とか、まして、「命」の次元で経営に取り組んでいなかった。

「いや、経営に取り組むのに、そんなことまで考えなくてもいい。利益を上げ、拡大し、上場して、自分が有名になり、そして、自分の資産を確保し、時来《きた》りなば、M＆Bで自社を売却する。それがビジネスというものだ。それでいいのではないか」と考え、反論する人がいるなら、それはそれでいい。それを否定するつもりは、毛頭ない。

しかし、私は、そのとき、なるほどと思った。確かにそうだと思った。感動した。妙に心が震えたことを覚えている。

夜中の帰り道、「家族」、「命」という言葉が、頭の中をぐるぐると駆け巡った。そして、そのような考えで、その次元で、私は、経営に心を定めて取り組む決意をした。

その私の決意に呼応するかのように、社員たちの奮闘努力は、一層高まり、一段と活動は活発となり、当然、業績は、それまでに増して飛躍的に伸長膨大した。その活動ぶりは、しばしば、他のマスコミから注目されるようになった。

今の若い経営者の方々に、「松下幸之助の心」を学ぶべきだと、とりわけ声高に申し上げるつもりは、まったくない。しかし、このような経営者が、この国・日本に、かつて居たということだけは、知っておいて欲しいと思う。

兎《と》にも角にも、松下幸之助という人が、「家族」とか、「命」という次元で経営に取り組んでいたことに、私は今でも、感動を禁じ得ない。

仕事は、人間的成長をするための手段であって、目的ではない

鈴木正三《しょうざん》は「業即信仰」と言い
石田梅岩は「諸行即修行」と言い
渋沢栄一は「業即修身」と言い
松下幸之助は「業即道場」と言った。

商売人、仕事人は、自然の理法に従って、一筋に正直に商い、仕事をして、利益成果をあげる心掛けが大事である。

誠実に商売、仕事をすれば、天の恵みも深く、仏神のご加護も相まって、災難を受ける

ことも、失敗することもなく、自然に利益もあがり、また、多くの人たちから親愛や敬意を受けて、商売も仕事も、万事がうまくいくはずである。

私利私欲に走り、他者を蹴落《けお》とし、自分だけ儲《もう》けよう、自分だけが成功しようとすると、天罰がくだり、万人から憎まれ、結局は、商売も仕事も、万事が思うようにいかなくなる。まず、正直に徹し、利益や成果をあげることを忘れずに商売や仕事をすれば、おのずとうまくいくだろう。つまり、この身を世の中に投げ打って、一筋に国土のため、万民のためと思い入れて、それが商売人、仕事人の役割だとして、為《な》すべきことを為すべきである。

商品を世の中に行き渡らせることが修行と考えて、山々を越えては身心を責め、大河小河を渡っては心を清め、果てしなく広がる海上に船を浮かべるときは、この身を念仏するのである。

一切の執着を離れ、欲を捨てて、商売なり、仕事をすれば、かえって発展し、利益も得、徳に満ちた商売人、仕事人となるものだ。

軽薄な成金になることを憤んで、商売人、仕事人に徹すれば、なにも僧侶にならなくとも、菩提心《ぼだいしん》が成就され、大いなる境地になる。

以上は、松下幸之助さんの言葉ではない。江戸初期の、武士から禅僧になった鈴木正三《しょうざん》の書『万民徳用』の中の「商人日用」を、私なりに超訳した、粗々《あらあら》の内容である。禅僧が、商売人は利益をあげるべきと言っているのも興味深いが、どうにも、この、いわば、「業即信仰」は、石田梅岩の「諸行即修行」という考え、渋沢栄一は、「業即修身」という考え、松下幸之助さんの「業即道場」という考えと同列と思うのは、私だけか。

我々日本人は、こういう考え方、仕事観が、否定しても拒否しても、否定しきれず拒否しきれず、遺伝子として流れている。ゆえに、経営者は、社員に結果だけを求めるのではなく、「仕事は、目的ではない。仕事は、人間的成長の手段、道具である」と心得、「社員の努力」をも評価するべきであろう。

また、経営者は、「生産性向上」や「働き方改革」もさることながら、社員が十分に努力することが出来る、明るく、風通しのいい社風、イジメやパワハラのない職場など、「環境づくりをすること」が、最大の責務であることを知っておくべきだろう。

本当の「日本的経営の三種の神器」

巷間《こうかん》、喧伝《けんでん》されている
日本的経営の
三種の神器は間違っている

日本的経営の特徴と言えば、すぐに、①年功序列、②終身雇用、③企業内労働組合と多くの人が答える。しかし、それは、ここ数十年間ぐらいの「日本企業の風景」を見て、答えているに過ぎない。

事実、戦前の労働者の移動は激しかった。そこで、企業は年数昇給、積み立て退職金などで、引き留めようとした。それによって、ホワイトカラーは、やや定着するようになるが、ブルーカラーの「渡り歩く転職」は一向に変わらなかった。

戦争が始まると、軍部は、昭和13年（1938年）の「国家総動員法」に続いて、14年（1939年）には、軍需産業に関わる労働者の移動を制限。15年（1940年）には、「従業員移動防止令」を出して、労働者の自由な転職、解雇を全面的に禁止する。

いわば、軍部が、「労働者の囲い込み」を強制実施したのである。

戦後は、昭和25年（1950年）の朝鮮戦争を契機に、経済成長が進展すると、今度は企業が、労働力を確保するために、「労働者の囲い込み」をするようになった。それが、前記の3項目と福利厚生制度である。

その頃の状況を見て、来日した米国の経営学者、ジェームス・アベグレンが、日本的経営は、年功序列と終身雇用と企業内労働組合であると、自著『日本の経営』で分析してみせた。以降、それが、あたかも「日本的経営の特徴」であるかのように、国内外で喧伝されるようになった。

しかし、彼は、当時の、わずか10年間ほどの日本企業を見て、分析しているに過ぎない。ある種、特異な時期の日本の企業、日本の経営を見て、分析していると言えないか。

日本的経営の特徴、本質を分析するならば、連綿と流れている「商いの精神」、「商いの本質」を歴史的に研究・追求すべきであったが、アベグレンは、それをせず、「一時的な、そして皮相的な分析」で結論を出し、また、日本の経営者も、国民も、そして、学者でさえ、「仰《おお》せごもっとも！」と受け入れてしまった。

だが、日本の商い、日本の経営の本質は、そのような皮相的、かつ、一時的なものではない。

明確には、800年ほど前の栂尾明恵上人《とがのおみょうえしょうにん》から、江戸初期の鈴木正三《しょうざん》→江戸中期の石田梅岩《ばいがん》→明治の渋沢栄一→昭和の松下幸之助を繋《つな》ぐ系譜《山本七平説》を通観すれば、日本的経営とは、①仕事を通して、自己成長を図ること、②それぞれに与えられた役割を完全に果たすこと、③いかなる仕事にも、誠実に取り組むこと、である。要は、❶自己成長、❷役割、❸誠実、この三点に尽きる。

アベグレンの分析のような、商いの制度、雇用制度などは、その時代時代で異なるから、彼が指摘する3項目が日本の経営の本質、特徴とは言い難い。

ゆえに、皮相的に、外観的に、一時的に、日本の経営を見て感じた特徴ではなく、本質的な、内観的な、長い歴史に培われた日本の経営の特徴を心得て、グローバルスタンダードを、日本の経営者は考える必要があるだろう。

日本の商売、経営の本質は、アベグレンの3項目のような「皮相的なもの」ではないということである。

「わしの言う通りにやるんやったら、きみは要《い》らん」

松下さんのひと言に
恐怖し、戦慄《せんりつ》を覚えた
しかし
そのひと言で
経営者として開眼することが出来た

6月に入ると、いつも、思い出すことがある。

その年の4月23日に、松下幸之助さんから直接、PHP総合研究所の経営を担当するように指示された。

一旦はお断りしたが、結局は、引き受けることになった（その詳細は、拙著『松下幸之助はなぜ成功したのか』（東洋経済新報社刊）、あるいは『凡々たる非凡』（H&I社刊）などに書き記しているから、ご興味のある方は、ご参照頂ければ幸いである）。

その2か月後、6月の中頃か終わり頃、それまで、PHP総合研究所は、ほとんど赤字経営であったが、このときも、赤字の月次決算を報告した。松下さんは、それまでの30年間の、それぞれの経営担当者に言っていたのと同じように、また、私が報告するようになってからも同じように、「まあ、しゃあないな、きみたち若いもんが一生懸命、やった結果や」と応えてくれた。私は、安堵《あんど》しつつ、次の報告に移ろうと、床に置いていた書類を取り上げようとした途端、頭の上から、松下さんの声が落ちてきた。

「きみ、わしの言う通りにやるんやったら、きみは要らんで！」

びっくりして、松下さんの顔を見ると、恐ろしいほどの形相《ぎょうそう》をして、私の顔を見ている。私は、安堵から恐怖に暗転した。思わず、身を固くして、「すみません」と一言応えるのが、やっとであった。

それから、いくつかの報告をしたが、頭の中では、「わしの言う通りにやるんやったら、きみは要らん」という、松下さんの言葉が駆け巡《めぐ》り、また、その言葉が、なにを意味しているのか分からず、頭の中は、真っ白に。そして、言い知れぬ戦慄《せんりつ》を覚えていた。私が36歳のときである。

帰り道も、いろいろと思い巡らしていたが、ふっと、「ああ、そういうことか」と合点したのは、松下さんの言う以上のことを、成果を、あげなければならないのだということ。また、「まあ、しゃあないな。きみたち若いもんが、一生懸命やった結果や」という言葉に甘えていてはいけないということだと理解した。

それからは、文字通り、社員の人たちと命懸けで経営に取り組んだ。結果、社員の人たちの予想以上の協力と、予想を上回る底力を発揮してくれたおかげで、以降、赤字経営から脱するばかりか、売り上げも毎年、階段を上るように着実に伸び、当然、利益も上がるようになった。研究活動も社会活動も、積極的に展開。まさに、発展に次ぐ発展を遂げた。

松下さんが亡くなる20日ほど前、最後の報告をした。同僚のY氏も同席していた。報告すると、松下さんは、目に涙を浮かべながら、「ＰＨＰ（研究所）が、こんなに大きくなるとは思わんかった」。

私の心の中では、とめどもなく涙が流れていた。そのひと言は、今も忘れない。

6月になると、必ず、松下さんから言われた、「きみ、わしの言う通りにやるんやったら、キミは要らん」という言葉を思い出す。

「師の跡を求めず、師の求めたるところを求めよ」（伝　空海）

自分一人だけが勝つという考えで商売はうまくいかない

この世の中
「一人勝ち」とか
「自国ファースト」では
必ず
行き詰まり
自滅するだろう

今、ある人が、一軒のラーメン店を始めようとする。大抵は、なるべく他の競争店がない場所を探す。そのほうが、開店しても、競争店がないから、繁盛すると思うからだ。

そして、いろいろと物件を探していると、幸いにも、辺りに競争店のない、いい場所が見つかった。うん、ここがいい、この場所なら、競争店もない多くの客は、この一軒の、自分の店に集まってくる。儲《もう》かる。

誰もが、そう思うかもしれない。しかし、実際には、そうはならない。いかに美味しくても、そうはならない。

ちなみに、繁盛すると思うなら、頻繁に車が走る国道筋で、なにもない場所に出して見たらいい。周囲には、競争店もなければ、他の店もない。たくさんの車が寄ってくると考える。理屈として、客が来て、繁盛するはずである。

実際に、十数年前、そういう場所に、有名なラーメン屋が店を開いたことがあった。最初は、わざわざ、その店に出かける客もあったようで、店の前を通過するたびに、その店の駐車場は、ほとんど満車状態であった。

しかし、3年後には潰《つぶ》れてしまい、今では、店名が剝《は》げ落ちた看板が、悲しげに傾き立っている。

店を出すなら、むしろ、競争店の多い場所を選択すべきである。なぜなら、そのほうが繁盛するからだ。味付けの競争、雰囲気の競争、サービスの競争、笑顔の競争などをするから、それぞれの店が、一層個性的になり、一層味付けは美味しくなり、一層サービスがよくなる。

また、ラーメン横丁として、ラーメン街として、その地域にどうすればお客が集まってくるか、お店同士が集まって、知恵を絞る。対策を練る。工夫する。

だから、客も集まってくる。客も満足する。店も繁盛する。地域も繁栄する。他種のレストランや飲食店も出てくる。ついには、その地域に食堂街が出来るかもしれない。多くの店が、繁盛し、繁栄することにもなるだろう。

そのようなことは、商売をやっている人なら、すぐ分かる。商売の、イロハのイだからである。

ところが、この道理が、政治の世界では分からない。政治の世界は、「競争」ばかりで、

「協力」がない。「批判」ばかりで、「協調」がない。常に、自分が「ファースト」でないと満足しない。だから、自分の当選、自分の国だけが豊かになればいいと考える。

で、「アメリカファースト」などと言い出す。この世の中、「自分だけの一人勝ち」、「自国ファースト」で生きていけるものではない。アメリカだけで、やっていけるものではない。「一人勝ち」は、必ず「自滅」するだろう。この世は、お互い、持ちつ持たれつ、切磋琢磨《せっさたくま》でなければ、生きていけない。仏教でいうところの「自利利他」。松下幸之助さんが強調してやまなかった、「共存共栄（Mutual Prosperity）」の心掛けが大事なのである。

アメリカではトランプ氏が再選立候補を示唆したが、「アメリカファースト」を掲げ続けるのか、また、中国も、ファーストとは言わないが、実質、中華思想の「中国ファースト」を実行している。

両国の、過度な自分中心政策、「我よしの政策」は、まるで、商店街を、自分一店にして、他店をすべて排除するようなもの。やがて、商店街は活力を失い、自店も衰退するだろう。「哲学なきファースト政策」は、「自殺政策」であると、私は思っている。

「自分」を捨てて、「他人」の意見を取り入れてはいけない

我が国の本体を忘れ
なんでもかでも
欧米の制度を模倣すれば
日本は、衰え、荒廃して
救い難くなるだろう

他人の意見、考えを求め尋ねる人は、賢明である。

しかし、「自分」を否定して、或《あ》るいは、「自分」を見失ったままで、他人の意見、考えを

取り入れるならば、事は必ず失敗し、自滅する。

我が国の先人は、常に日本の伝統精神の一つである「主体性」を堅持しつつ、決して、「自分」を否定し、忘却することはしなかった。

明治維新の成功は、志士たちが、「日本の国体」という「主体性」を失うことなく、「自分」を放棄も、否定もしなかったからだ。

西郷隆盛は、『南洲翁遺訓《なんしゅうおういくん》』で、次のように語っている。

「広く欧米各国の制度を採用して、我が国を開明の域に進めようとするならば、まず、我が国の本体＝基本を土台にして、風教＝徳行を広め、然《しか》してのち、ゆっくりと日本に見合った外国の長所を取り入れるものぞ。

そのようなこともせずに、なんでもかでも外国の制度などを模倣すれば、日本の国は萎《い》靡《び》、衰え、徳も廃《すた》れ、救い難くなるだろう。そして、ついに、外国の支配を受くるに至らんとす」

そこには、外国の先進技術や制度も、「日本の本体」を根底にして、そのうえで、導入すべきだという、毅然《きぜん》たる気概がある。

こうした日本人の持つ「主体性」を重視する伝統精神は、日本がその後、台湾統治に顕著な功績を残した後藤新平の台湾統治観、すなわち、「台湾の主体性を侵して、台湾の統治は不可能」という考えにも示されている。

「比目魚《ヒラメ》の目を鯛《タイ》の目にすることは出来んよ。鯛の目はちゃんと頭の両側についている。比目魚の目は、頭の一方についている。それがおかしいといって、鯛の目のように両方に付け替えることはできない。比目魚の目が、一方に二つ付いているのは、生物学上その必要があって付いているのだ。

社会の習慣とか制度とかいうものは、みな相当な理由があって、永い間の必要から生まれているものだ。その理由も弁《わきま》えずに、むやみに未開国に文明国の文化と制度を実施しようとするのは、「文明の逆政」というものだ。
だから、吾輩《わがはい》は、台湾を統治するときに、まずこの島の旧慣制度をよく科学的に調査して、その民情に応じるように政治をしたのだ。比目魚の目を、いきなり鯛の目に取り替えようとするのは、本当の政治がわからん奴らだ」（鶴見祐輔著『正伝・後藤新平』）。
いわゆる、後藤新平の「生物学的開発論」である。

平成の愚かな経営者たちは、日本の「主体性」を忘却、無視して、「猥《みだり》に、なんでもかでも外国の制度を模倣」し、まるで、維新後の軽薄な開国派の如《ごと》く、「グローバル化」を叫びまわり、「牛肉を食べて、ビールを飲めば一人前の人間になれると思っている馬鹿な鳥」（幕末期に来日した画家・ワーグマン）と化し、やれ、成果主義だ、やれ、リストラだと喚《わめ》きたて、「日本の伝統精神」を忘れて、「主体性なき経営」を行い、結果、平成を「失われた30年」にしてしまった。

新しい時代、新しい若い経営者たちが、平成の経営者の愚かな轍《てつ》を踏まず、日本の伝統精神である「主体性」を再確認し、しっかりと堅持しながら、「〝日本的〟グローバリズム」

を止揚創出し、活用して、再び、名実ともに「世界に冠たる日本経済」を築いてくれることを期待している。

日本化する力こそが経営の知恵

外国から入ってきたタオル
日本製のタオルは
世界一の品質
まさに
青は藍《あい》より出でて藍より青し

日本のタオルの三大産地すべてを、正直、知らなかった。もちろん、愛媛県今治《いまばり》タオル、大阪府泉州《せんしゅう》タオルは知っていた。しかし、三重県津市の、おぼろタオルは知らなかった。

今治も泉州も、幾度も講演に出かけている。そのお土産に、タオルのセットなど、よく頂いた。三重県津市のおぼろタオル（おぼろタオル株式会社 森田壮常務取締役）は、2、3回、津市にも講演で出かけたこともあるが、確か、お土産は、一度、貝の佃煮だった記憶があるし、そのときに、誰も、タオルの話をする人はいなかった。

タオルの語源は、フランス語、あるいはスペイン語かららしい。スペイン語では、「トアーリャ（Toalla）」、フランス語では、「ティレール（Tirer）」。ともに湿気をふき取る布の総称という。それが、英語表記で、Towelになり、日本では、タオルという言葉になった。

その三大タオルは、今治タオルが、高級なイメージ、泉州タオルが、吸水性に優れたイメージなのに対し、おぼろタオルは、柔らかな肌触りのイメージという。

実際に、日本にタオルがやってきたのは、明治初期ということだから、もう、150年昔ということになるが、日本でタオルが生産され始めたのは、１３０年ほど前。

しかし、今や、日本のタオルは、世界一の品質を誇り、あるデータによると、外国人観光客が買うお土産の16位にランクされている。

名古屋に、私の経営者塾の一つに、「壺中の会《こちゅうのかい》」があるが、そのメンバーのひとり、中小企業基盤整備機構の国際化支援アドバイザー・大槻恭久氏の仲介で森田氏が、その、おぼろタオルに、「壺中の会」のマークを入れた試作品を作って持ってきてくれた。

ということで、はじめて、おぼろタオルを使ってみたが、これが、今治、泉州同様、爽《そう》快《かい》、柔らかな肌触り、抜群の吸水性など、その心地よさに、なるほど三大産地のひとつだと納得した。

改めて、さすが日本。和魂洋才。外来のものを取り入れて、外来品以上の製品をつくり上げる。もはや、日本のタオルは、独創品と化している。まさに、「青は藍より出でて藍より青し」。

このように、外国から入ってきたものを、創意工夫で、アウフヘーベン（止揚《しよう》）する知恵が日本人にはある。

漢字を取り入れ、そのままではなく、ひらがな、カタカナを創り出す。いわゆる「日本化力」がある。近いところで言えば、洋式トイレの温水シャワー便座を作り出す。

おそらく、これからの若い人たちも、「日本化力」、「ジャパン・ウェイ」を発揮して、果敢にイノベーションに取り組んでいくだろうと、おぼろタオルで、気持ちよく、顔を拭《ふ》きながら、思っていた。

ほめるばかりでは、人は育たない

寛厳《かんげん》

よろしきを得て
はじめて、人は育つ

このところ、「ほめて育てろ」の大合唱である。書店に行けば、大抵が、理念なき、哲学なき「ほめろ本」のオンパレード。しかし、「ほめる」だけで、「人は育つ」だろうか。

ひとりの若い友人が、人材育成の講演を聴いて、感動しました、と話してくれた。講演者が、人材は、「ほめて育てなければならない。厳しく叱ると育たない」と言って、アメリカのある学者が実験した例を話したという。

その実験とは、子どもたちそれぞれ数人を、二つのグループに分け、一つのグループの子どもたちは、「ほめて、ほめて、のんびり育てる」。もう一つのグループの子どもたちは、「叱《しか》って、叱って、厳しく育てる」という実験である。

そうすると、「ほめて、ほめて、育てた子どもたち」のほうが、「叱って、叱って、育てた子どもたち」より、20％ほど、成績（なんの成績か不明）が良かったという結果が出たらしい。

だから、人材を育成するには、「ほめることが大事だ」という話だったようだが、若い友人は、感動を受けたらしい。

しかし、「そのようなことは、断じて、ない」と言う前に、「叱って、叱って叱りまくる実験台になる子どもたちの親は、文句を言わないのか」と訊くと、「親たちは、その実験をする学者から、おカネを受け取り、了解している」という。動物実験ではあるまいし、それが事実なら、人権問題ではないか。

それはともかく、経験的に、体験的に、なんでもかんでも、「ほめれば、人が育つ」ことは、あり得ないということだ。もちろん、ほめることは大切だが、まったく叱らないで、人材が育つことは、まず、ない。

「ほめる」は、いわば、「投薬治療」である。しかし、薬だけで治る病気でない場合は、どうするか。薬を服用し続けても、どうにもならないときは、どうするか。

医者は、「外科手術」を決断する。その外科手術が、「叱る」ことにあたる。こういう過程を経て、病気は完治する。こういう過程を経て、人材は育っていくのである。

「寛厳よろしきを得る」という言葉がある。「寛」だけでなく、「厳」を、その状況に合わせて、「寛」にとらわれず、「厳」にとらわれず、二つの両方において、「よろしきを得る」ことが大事ということだろう。

人材教育は、「ほめるか、叱るか」の二者択一で対応できるほど、単純ではない。「寛」と「厳」の間の、どこかで、決めなければならない。

もう一つ、付け加えなければならないことは、「ほめる」にしても、「叱る」にしても、その根底に、「人間大事」「人格尊重」の理念、哲学がなければならないということである。
それがなければ、口先だけでほめても一時的効果しかなく、ほどなく、その責任者を軽蔑して去っていき、逆に、怒りに任せて叱っても、ほどなく、責任者を罵倒《ばとう》して去っていくだろう。

「叱るか、ほめるか」、その二者択一の実験の話が事実ならば、アメリカの人材育成法は、まったく参考にならない。むしろ、「人材育成」ではなく、「人材棄損《きそん》」になるのではないかと思う。

いずれにしても、「ほめるだけ」、「叱るだけ」の二つのいずれかのみで、人材は、育つものではないということは、よくよく心得ておくべきだ。

人材育成は、やはり、「寛厳よろしきを得ること」が肝要と思うが、いかがであろうか。

※追記

①松下幸之助著『道をひらく』71頁

「叱りもしなければ叱られもしないということになったらどうなるか。神様ならいざ知らず、お互いに人間である。ものの見方考え方が甘くなり、そこに弱さと、もろさが生まれてくることになる」

②松下幸之助著『指導者の条件』38頁

「やさしさばかりでは、人びとは甘やかされて安易になり、成長もしない。いわゆる寛厳よろしきを得るということが大切なわけである」

一時的な穴埋めで、安易に労働力を考えるべからず

外国人労働者を
人手不足の
一時的穴埋めとして
安易に受け入れてはいけない

人手不足が騒がれだして久しい。いまや、国家的問題になっている。

事実、少子高齢化社会になり、15～64歳までとされる生産年齢人口が、1995年をピークに減少の一途を辿《たど》っている。2055年には、1995年のピーク時の半分（4560万人）になることが予想される。

ために、2018年6月に政府は、「経済財政運営と改革の基本方針2018」を閣議決

定し、一定の専門性・技能を有し即戦力となる外国人労働者を受け入れる政策を盛り込んだ。

介護など14業種で5年間に最大34万5150人の受け入れを見込んでいる。技能水準のより高い2号の建設など2業種は、2021年に運用を本格化させるという。

平成29年（2017年）10月現在、外国人労働者を雇用している事業所数は、19万4595か所であり、すでに、外国人労働者数は、127万8670人に達している。

ベトナム・ハノイの人材派遣訓練所を視察してきた。勉強している研修生たちは、健気に一生懸命であった。ベトナム人のみならず、これからも、外国人労働者が激増していくだろう。

ただ、経験的に言えば、人が足らないから、すぐに人を採用する、すぐに外国人労働者を受け入れるのがいいのかどうか。そのような発想、そのような対応は、安易、かつ単純すぎはしないか。

もちろん、人が足らないから、人を採用しようというのは、一面、やむを得ないとは思うが、しかし、その前に、その業務が機械化できないか、ＡＩ化できないか、ロボット化できないか、すなわち、合理化、効率化を徹底的に考えるべきであろう。

ロボットが、仮に１台１０００万円で、当初は相当の負担になるとしても、結局は、給与以外の諸経費がいる人材を、１人平均年収を含め、総経費３００万〜４００万円で３〜４年間雇用するより、ロボットのほうが安い。

まして、これからの時代、劇的に、ＡＩ化、ロボット化が進む。ゆえに、そのようなＡＩ化、ロボット化が、どうしても、当面、不可能である、出来ないということを確認してはじめて、外国人労働者の採用に踏み切るべきだろう。

あるいは、むしろ人手不足を、経営合理化、効率化のチャンス、好機と捉える発想をしてもいいのではないか。

その確認なくして、その発想なくして、人手不足を、単純に「人で補充していく」と、将来、必ず「人手余り」になり、無情なリストラをしなければならなくなる。その結果、外国人労働者に迷惑をかけるだけでなく、彼らは「反日」となり、さまざまな国際的、国内的トラブルを惹起《じゃっき》する要因になるだろう。

すなわち、人手不足は、①ＡＩ化、ロボット化できないかを徹底的に考え、②出来ないということになれば、初めて外国人労働者を採用する、という2段階で考える必要があるということである。

また、外国人労働者を3Ｋ（危険、汚い、きつい）の職種に限定すべきではない。また、たとえ短期間であろうとも、「正規社員」を原則とする覚悟がなければならない。

単なる「一時的補充」、単なる「穴埋め的採用」と考え、「非正規」、「アルバイト」、そして、「低賃金」を前提に外国人労働者を遇しては、その会社は、20年経つまでには、とんでもない「しっぺ返し」を受けて消滅するだろうし、なにより、国際的にも、国内的にも、「日本の品格」が問われ、「日本人の品性」が棄損《きそん》されることになるだろう。

『可笑記《かしょうき》』（江戸初期の仮名草子）に曰《いわ》く、「名将は、人を選ぶも、人を捨てず」とある。要は、「人の採用は、慎重の上にも慎重を期すが、安易に、人を捨てることはしない」ということである。外国人労働者に対しても、同様の心掛けが大事であるということである。

同族会社が知っておくべき心得

同族会社は
社員に対する配慮がない
同族間だけの秘密をつくる
社員に対して傲慢になる
同族間で対立、抗争する
という可能性が高い

いくつかの同族会社（＝ファミリー会社）からも、経営について、ときどき相談を受ける。

日本の全会社の96％は、同族会社。大企業に限れば、30％前後。同族会社に勤務している人は、約2880万人と推測されるという。だから、ほとんどのビジネスパーソンが、同族会社で、自分の価値を提供していることになる。

世界で有名な同族会社は、フォルクスワーゲン、フォード、コーク・インダストリーズ、BMW、プジョーなど。日本では、トヨタ、キヤノン、サントリー、竹中工務店、ヤンマー、大塚製薬などがある。

同族会社は問題だと、よく言われるが、必ずしもそうではない。同族でない会社などでも、ご承知の通り、役員間対立、派閥争い、あるいは、幹部の不祥事などが起きている。

とはいえ、多いがゆえに、同族会社の問題が目に付くのは当然だろう。

では、同族会社の問題点は、どのようなものがあるのか。

一つ目は、同族間で、忖度《そんたく》しながら、なんとなく、事案を決めていくことが多く、従って、その責任の所在が明確でなくなる。それだけに、それぞれ、責任の自覚がないから、一朝、問題が起こると、その責任をお互いに擦《なす》り合いになって、それによって、亀裂が生じることがある。

二つ目は、会社を自分たち同族のためにあるものと考えがちになり、そのため、社員や従業員への配慮、処遇がおろそかになるばかりか、傲慢《ごうまん》な対応をするようになる。

三つ目は、同族が、社員、従業員に接するに、常に「上から目線」で、細部にわたり、指示を出すために、社員、従業員が、卑屈になり、萎縮《いしゅく》するばかりか、自主自立性のない社風になっていく。

四つ目は、同族であるがゆえに、同族間で緊張感がなく、馴《な》れ合いになり、いつまでも過去の成功体験を語り合い、お互いに経営者、指導者としての切磋琢磨《せっさたくま》をせず、会社全体を衰退させる。

五つ目は、会社を同族間で私物化し、会社の資産を公私混同し、時に、会社のさまざまな資金を横領するようになる。

六つ目は、社員、従業員の人材教育にほとんど取り組まず、同族の恣意《しい》的、かつ個人的な感情で、社員、従業員の能力を判断する。

七つ目は、事業計画、目標など、同族である自分たちが分かっているから、社員従業員は知らなくてもいいとして、同族と社員、従業員との間に溝ができ、時に対立する。

八つ目は、同族同士だけで、経営理念などの共有、あるいは理解はしているものの、社員や従業員への徹底を怠り、会社全体がまとまらなくなる。

九つ目は、同族間で情報を独占し、社員や従業員に対して秘密主義をとり、会社から一体感が喪失する。

最後は、同族であるがゆえに、お互い同士、個人的感情があからさまになり、同族間で不和、喧嘩《けんか》となり、対立して経営が混乱する。

まだ、いくつかあるが、要は、同族会社は、①社員、従業員に対する配慮がない。②同族間だけの情報独占、あるいは、秘密をつくる。③社員、従業員に傲慢になる。④同族間で対立、抗争する可能性が高い、ということである。

社員や従業員は、常に、片目で自分の仕事を見ながら、片目で、同族幹部をジッと見ていることを、同族会社の一族は、決して忘れてはならないと思う。

経営の神様の「女房評」

経営の神様を育《つく》りあげたのは
その女房かもしれないが
神様自身は
自分の、その女房を
どう思っていたのか

「とにかく結婚せよ。もし君が良い妻を持てば、幸福になるだろう。もし君が悪い妻を持てば、哲学者になるだろう」と言ったのは、ソクラテスだ。

松下家の執事が書いた『神様の女房』が、２０１１年に、テレビドラマ化されたことがあった。ひと言で言えば、神様は、最初から神様ではなく、神様にした人がいたという内容。

心優しい女房という設定のようだが、それでは、夫である松下幸之助さん本人は、自分の、その「女房」をどう見ていたのだろうか。

雑談で、松下さんが個人的に、私に話したことは、ここでは書かない。ただ、1979年10月、ある婦人雑誌の取材で、評論家・上坂冬子氏を相手に、爆笑の連続、捧腹絶倒《ほうふくぜっとう》、読売テレビ「やしきたかじんのそこまで言って委員会」と思うほど、自分の奥さんのことについて語ったことがあった。

「家内ですか。う~ん、そうですなぁ、なかなか文句の多い人ですわ（笑）。負けん気が強いですな。私の今日までの歩みは、奥さんと闘い、仕事と闘いですわ（爆笑）。気ぃつよいですからね。だから、ある場合には間に合うけど、ある場合には困ると（笑）。

そうですなぁ、まあ、代議士にしてもいいほどですわ。しっかりしている。けど、し過ぎてもいる（爆笑）。

あんまり外に出たがりませんな。話したら、なかなかよう喋《しゃべ》りますけど、写真を撮ってもらったり、表に出たりするのは、嫌がりますな。そういう点では、明治の女ですわ。

けど、80年間、お互い元気で、一緒にここまでこれたということは、これは幸せですな。

家内はね、なかなかへっこんではいませんで（爆笑）。人生、いろいろありますわね。悲しいときとか、そんなときでも涙を流しませんな。悲しんで泣くなら、私は歓迎するんやけど（笑）。

なんか問題が起こったときなんか、交渉に行かせることもありましたが、まあ、ちゃんと自分の主張を通してきますな。そういう意味では、便利です（笑）。

それに気性が激しいですからな。仕事を始めた頃は、家内と共稼ぎでしたやろ。その間、よう意見が対立しましたわ、ホンマ（笑）。

ちょっとやそっとでは、自分の意見、曲げへんで（爆笑）。だから、ときとして、シャクにさわりますわね。（上坂：そのようなこと、おっしゃられて、よろしいんですか？（笑））しかし、そこがまた、ええところでもあるわけですわ（爆笑）」

50年どころか、60年も夫婦生活をしてはじめて、ここまでの話が出来るのだろう。10年、20年では、笑い話にはなるまい。

しかし、果たして、いま、松下幸之助さんが『神様の女房』を読んだら、なんと言うだろうか、と思うことがある。その苦笑する顔が浮かんでくる。

愛されるべき人に共通した5項目

穏やかに

素直忘れず
丁寧に
暮らし質素で
謙虚に過ごす

子禽《しきん》という人が、孔子の弟子の子貢《しこう》に、「孔先生は、行く先々で、それぞれの国の政治について、相談を受けられ、助言を求められるが、それは孔先生が先方に頼むのですか、それとも、先方が孔先生に頼むのですか」と訊く。

すると、子貢は、「孔先生は、温良恭倹譲《おんりょうきょうけんじょう》、すなわち、温（穏やか）で、良（素直）で、恭（丁寧）で、倹（質素）で、譲（謙虚）のある方だから、先方から頼まれるんですよ」と言ったとある（『論語』学而第一）。

確かに、「激しい口調で話す人」、「怒りを感じさせる、とげとげしい話し方をする人」、

「他人を小馬鹿にした雰囲気の人」より、やはり、「静かな口調で話す人」、「やさしい話し方をする人」、「包容力のある雰囲気の人」に共通する《穏やかさ》は、多くの人を惹きつけ、魅了するだろう。

また、「なにごとも、斜めからしかモノを見ない人」、「自分にとらわれ、周囲のことなど一顧《いっこ》だにしない人」、「他人のアラ探しをする人」、「自分の非を謝れない人」より、やはり、「真正面からモノを見る人」、「周囲の意見を取り入れながら、さらに高い結論を出す人」、「他人の良いところを見る人」、「自分の非を謝れる人」に共通する《素直さ》は、多くの人から協力を得られるだろう。

さらに、「タメ口で話す人」、「自分を誇り、傲慢《ごうまん》な態度の人」、「お為《ため》ごかしを言う人」、「受けた恩を捨て去る人」より、やはり、「謹厚《きんこう》な物言いの人」、「周囲を立てる恭謙《きょうけん》の人」、「受けた恩を忘れない人」に共通する《丁寧さ》は、多くの人から尊敬されるだろう。

加えて、「おカネを湯水のように使う人」、「見栄《みえ》のために買い漁《あさ》る人」、「見せびらかすために虚栄を張る人」より、やはり、「必要のものにしか、おカネを使わない人」、「つつましい生活を好む人」、「堅実にして、贅沢《ぜいたく》をしない人」に共通する《質素さ》は、多くの人から気品があると評価されるだろう。

なおかつ、「傲慢な人」、「上から目線で物言いする人」、「自分を誇示する人」、「他人の弱点を突いて、得意げな人」より、やはり、「相手を立てる人」、「謙《へりくだ》った人」、「他人の長所を見て、感心する人」に共通する《謙虚さ》は、多くの人から、好感を持たれ、敬慕されるだろう。

温良恭倹譲、すなわち、「穏やかに、素直さを忘れず、丁寧に、暮らしは質素で、謙虚に過ごすこと」を、『論語』は、孔子の名を使い、人々に説いているのだろう、いや、求めていると、私は思いたい。

そして、この5項目のすべてを持ち合わせていることが、「美しさ」より、上位にある「品」であり、「上品さ」であるということである。

だから、人は、大抵、「下品な美人」、「下品なカッコいい男」より、「上品な不美人」、「上品なカッコ悪い男」を、永く愛するのだろう。

嫉妬《しっと》は、こんがり狐色《きつねいろ》に焼くことが肝要

嫉妬は醜《みにく》い
嫉妬は相手に対する羨望《せんぼう》である
とくに、男の嫉妬は
みずからの愚かさを表していることを
知らなければならない

「人間性をとことん煮つめ煎《せん》じつめたら、最後にどす黒い嫉妬の塊が残る。人間性の究極

の本質は、嫉妬である」（故・谷沢永一氏　文芸評論家、書誌学者。関西大学名誉教授）

松下幸之助さんも、「人間には、嫉妬心がある。しかし、嫉妬心は宇宙根源の力によって人間に与えられた一つ。いわば、万有引力のような宇宙の法則だから、これをなくすことが出来ない。しかし、これを濫用《らんよう》すると、非常に醜い姿になる。それゆえに、嫉妬心は、狐色に程《ほど》よく焼かれねばならない」と言っている。

成功した人に対して、嫉妬のあまり、黒焦げまでに真っ黒に焼く人たちを見ると、憐《あわ》れというか、気の毒というか、下品さ、醜悪さを感じ、改めて、松下幸之助さんの「嫉妬は狐色に焼け」という、この名言が頭に浮かんでくる。

先日、「醜いほどの嫉妬心を持っている人がいて、五月蠅《うるさ》くて仕方ないよ」という友人がいた。「別に、私は、彼に、なにも思っていないのだが、彼は、いたるところで、私を罵《ののし》っている。馬鹿な奴だと気にはしていないのだが、五月蠅くて仕方がない」と苦笑しながら、言う。

それはそうだろう。ほとんど同期で入社。友人は、着々と成果をあげ、社長からは頼りにされる、どんどん地位も上がる、それだけではない、社会的にも名声を得るようになったのだから、嫉妬するのは、当たり前だ。そういう友人に嫉妬丸焦げにして、「手八丁口八丁だ」、「あいつは、狡猾《ずる》い奴だ」、「要領のいい奴だ」などと陰で言い回っているという。醜いとしか言いようがないなと思って聞いていた。

しかし、嫉妬する者は、嫉妬される者より、ほとんど努力しない。だから、嫉妬する者は、嫉妬される者を、執拗《しつよう》に気にするが、嫉妬される者は、嫉妬する者を気にするはずがない。

また、「手八丁口八丁」という言葉は、それだけ、友人が、頭がいい、機転が利く、話し方もうまいということを認識しているからだ。また、自分より優れているということを無意識に認識しているからだ。だから、羨ましいのであろう。

阿部次郎の言葉に、「嫉妬とはなんであるか？　それは他人の価値に対する憎悪に伴ふ羨望である」（『人格主義』）とある。だから、「嫉妬とは、羨望である」と言えるのではないか。羨ましいという思いが、嫉妬の裏返しではないか。

しばし、「男の嫉妬」の醜さを、友人に嫉妬する人を酒の肴《さかな》にして、楽しいひとときを過ごしたが、とにかく、嫉妬心は必要だが、真っ黒に焼いちゃいけないね。松下さんの言うように、「嫉妬は、こんがり狐色に焼くことが大事」ということで、この話は、呵々大笑《かかたいしょう》で終わった。

それから、２時間ほど、楽しく話をした。「では、また」と別れたが、改めて、男たちの嫉《そね》み、妬《ねた》み、僻《ひが》みを思い浮かべながら、嫉妬の汚さはないな、これほど野卑《やひ》なものはないな、としみじみ感じながら、帰途についた。

昭和の経営者は古いのか

昭和の経営者の考えは
古いなどと言う識者たちこそ
不勉強で、浮薄《ふはく》で
哲学的思考が出来ない
うつけ者
と言えるだろう

昭和の経営者たちの考えは古い、という軽薄な識者たちがいる。30年以上も前の経営者たちだから古い、という浮薄な識者たちがいる。

それならば、キリストは2000年前の人、釈迦《しゃか》は、2500年前の人、聖徳太子は、

1500年前の人。これらの偉人の考えも古いのか。

今なお、江戸時代の石田梅岩の『都鄙《とひ》問答』が読まれ、明治時代の渋沢栄一の『論語と算盤《そろばん》』が、多くの経営者たち、ビジネスマンに読まれ、松下幸之助や稲盛和夫の著作が、多くの人々に受け入れられている事実を、どう説明するのか。これら先哲の考えも古い、というひと言で、切って捨てるのか。

浮薄な識者たちは、なぜ、偉人先哲の考え、言葉が、今も多くの人々の心の支えになり、指針となり、また、彼ら多くの人々を惹きつけ、読まれ続けているのか、その理由を考えたことがあるのだろうか。

多分、浮薄な識者たちは、偉人先哲が、究極において、「人間」を語り、「人としての生き方」、「人としての在り方」を語っていることを理解していないのだろうと思う。

たとえば、松下幸之助。昭和39年（1964年）は、東京オリンピックの年であったが、アメリカの「LIFE」誌は、9月11日号の日本特集のなかで、「MEET MR. MATSUSHITA」

（松下さんに会おう）と題する特集を組み、掲載した（その前々年の昭和37年（１９６２年）には、「ＴＩＭＥ」誌の表紙絵になっている）。

そこで、松下幸之助は、「最高の産業人、最高所得者、思想家、雑誌発行者、ベストセラー作家」の５つの顔を持つ人物として、「フォード（自動車王）とアルジャー（牧師兼作家）の２人を１人で兼ねているパイオニア」と紹介された。

だが、今、松下幸之助を産業人、経営者としか捉えず、その観点のみで論じ、批判する識者はいても、「ＬＩＦＥ」誌が紹介した「思想家・松下幸之助」の理念、哲学を理解し、その上に構築されている経営を論ずる識者たちは皆無と言っていい。多分、浮薄な識者たちは、松下幸之助の著作を、一冊も読み切っていないのではないか。

昭和46年（１９７１年）暮、それまで二十数年間、思考し続け、書きまとめ、まとめ上げた松下幸之助は、思わず、「自分なりの人間観をまとめたから、もう死んでもいい」と呟《つぶや》いたことがあった。

そして、翌年、それをまとめて単行本として上梓《じょうし》したが、経営の神様、商売の神様と言われていた松下の、その書名は、「経営を考える」でもなく、「商売を考える」でもなく、『人間を考える』であった。

そこには、「人間を、どう捉えるべきか」、「人間は、万物に対して、どのような責任があるのか」、「人間の使命は、なにか」が明確に書かれている。松下幸之助の経営の根底には、この「人間観」がある。浮薄な識者たちは、そのことが分からないだろう。

松下幸之助だけではない。渋沢栄一も石田梅岩《ばいがん》も、もちろん、聖徳太子も孔子も、また、とりわけ、釈迦もキリストも、根底に「人間」があり、「人間の根本」を語り、その「心のありよう」を説いている。

だからこそ、今もなお、多くの人々から共感をもって、求められているのではないか。ろくに偉人先哲の思想、哲学を学ばず、昔の人だから、古い、昭和の経営者だから、古いと言う、その浮薄の識者たちに、あなたたちこそ、読解力や洞察力のない、浅薄で、愚かなうつけ者だと言いたい。

昔の人だから、古いのではない。「人間」に立って、人間を語り、経営を語っているから、だから、常に新しいのである。昔の人は古い、昭和の経営者は古い、というなら、昔の人以上の実績、昭和の経営者以上の実績をあげ、世界的に評価されている今の経営者を教えて欲しい。

平成の経営者は、どうであったか。「カネ」を追いかけても、「人間」がない。自分の資産を計算しても、社会のことは、我関せず。だから、無残にも、日本経済を壊滅させてしまったのではないか。

むしろ、今一度、昭和の経営者たちの哲学、理念に立ち戻り、そこから「経営」を深耕し、再出発、再構築をすべきではないのか。不勉強な、浮薄な識者たちの、得々とした、幼稚な発言に嘔吐《おうと》すら感じている。

「変えてはならないもの」と「変えなければならないもの」

松下幸之助の経営理念を
「破壊」しただけで
新しい経営理念の
「創造」がないところに
苦戦、低迷の根本原因が
あると言える

先日、ある週刊誌を読んで、失笑した。現在、Panasonic が経営的に苦戦し、のたうち回っているのは、「松下幸之助イズムが歴史の遺物」となっていることによるものであり、「松下幸之助の呪縛《じゅばく》」、すなわち、創業者の意見や思想に、心理的に束縛され、自由が奪われているからだという。

にもかかわらず、「創業者の意見や思想を受け継ぐことは悪いことではない」とあるが、悪くないなら、創業者の意見や思想に基づいて経営に取り組むことは、「呪縛」でもなんでもないのではないか。

加えて、ジャーナリストの某氏が、「松下幸之助が家電を重視していたから、まず、家電ありきで、モノを考えてしまうからでしょう」云々とコメントしているのは、事実ならば、笑止千万《しょうしせんばん》という以外にない。

「長年、家電業界を取材してきた」かもしれないが、松下幸之助の理念や哲学を深く読み込んだことはなく、ただ、見えるところを見てきた人であることは間違いない。松下の思想、哲学を、どこまで読み込んだうえで、コメントしているのか。少なくとも、『松下幸之助発言集』を読んだことがあるのか、疑問に思う。

松下幸之助が、いつ、家電重視の発言をしたのか。私は23年間、松下から、直接、そのようなことを聞いたことがない。実際、松下幸之助の考えていた「産業人の使命」は、物を豊かにし、人びとを幸せにすることである。

おおよそ、経営をおこなっていく場合、「普遍性と時代性と国民性」を考えなければならないというのが、松下幸之助の経営の基本の一つである。「普遍性」とは、「人間大事」。「時代性」とは、「その時代時代によって、技術や環境の変化に即応すること」。「国民性」とは、「それぞれの国の文化、風習に対応すること」。

松下が、「変えてならないもの」としたのは、「人間大事」であり、「変えなければならないもの」は、「その時代に即した技術、環境」。また、「海外それぞれの国に応じた対応」だと説いている。

誰が、家電を重視せよと言ったのか。誰が、家電以外に取り組むべきではないと言ったのか。松下幸之助なら、「人間大事」を堅持しながら、「時代に即した技術、ITやAIを駆使したデジタル化やネット化に、あるいは、高度先端医療機器、再生エネルギー機器、ロボット分野などに素早く対応した経営、それぞれの国に即した経営を推進すべき」と言っていたのではないか。今頃、それこそ、GAPFA（Google, Amazon, Panasonic, Facebook, Apple）になっていたかもしれない。

Panasonicが経営的に低迷し、のたうち回っているのは、「松下幸之助の呪縛」や根拠のない「家電重視」に原因があるのではない。いや、むしろ、松下幸之助の打ち立てた経営理念という「灯台の破壊」に原因があるのではないかと思う。すなわち、松下幸之助の考えや理念、哲学の否定、否認が、低迷、苦戦の原因ではないのか。それがまた、社長、社員の心の混乱と自信喪失を惹起《じゃっき》しているのではないか。

今こそ、原点、すなわち、松下幸之助の、その時々の言葉にとらわれず、「松下幸之助の哲学」、「松下幸之助の基本理念」に立ち戻り、「変えてはならないもの」と、「変えなければならないもの」を峻別《しゅんべつ》し、経営を立て直すことだ。でなければ、ますます濃霧の中を歩き続けなければならないだろう。

「創造と破壊」などと高らかに謳《うた》いあげながら、松下幸之助の思想、哲学や経営理念を「破壊」しただけで、なにも「創造」しなかったことこそ、今日のPanasonicの苦戦の最大の原因であることを、当事者たちもマスコミも、そして識者たちも、勇気をもって指摘すべきではないか。

「松下幸之助の呪縛」とか、「松下幸之助の亡霊」などと言っている限り、社員は戸惑い続け、自信喪失に陥るばかりだろう。社員の多くの心の中で、「松下幸之助」は、埋《うず》み火の如《ごと》く、消えてはいない。まだ、間に合う。

要は、今日のPanasonicの苦戦は、「経営の混乱」ではなく、「理念の混乱」だということである。70年間の長きにわたって、骨の髄まで染みこんだ「松下幸之助の経営精神のDNA」は、消そうとしても、否定しようとしても、不可能だろう。

マスコミやジャーナリズムの馬上観花で書かれた記事、コメントに左右されることなく、なにより、社長をはじめ、幹部たちが、「原点に立ち戻る勇気」を持つことこそが、重要かつ緊要《きんよう》だと思う。

また、混乱、苦戦の原因を、「死人に口なし」とばかり、いまは亡き創業者の責任にする卑怯《ひきょう》さからは、建設的な方策は、なにも生まれてこないことを承知しておくべきだろう。

経営は道楽、困難も道楽

過酷な戦いの中
苦悩し、苦しむのは
当然である
しかし
その戦いを
「道楽」として
受け止めることが

あってもいいかもしれない

私が経営担当責任者になってから、業績は急速に改善され、成長に次ぐ成長となった。もちろん、松下幸之助さんの的確な指示と社員全員の奮闘努力の成果であることは、間違いない。

担当して4年ほど経って、私が40歳の頃だから、90％が30代以下の社員であった。その若い人たちは、文字通り、日夜奮闘の日々を過ごし、残業は極力しないように、と指示をしても、残業する、休日出勤するというほどであった。

それでは体調を崩すし、また、家庭を疎《おろそ》かにすることになるから、止めるように、と何度、指示を出しても、止めない。そこでノー残業デーをつくったが、すると、今度は家に持って帰るという始末。

もちろん、社員たちは、残業手当が目的ではない。いわば、それぞれが使命感に燃えて、自主的に、ひたすら、自分が取り組んでいる仕事をやり遂げよう、役割を果たそうという姿であった。

それは、私が経営担当責任者であった34年間、一貫して続いた風景であった。その状況を外部の方々が見て、太いに感嘆していたが、なかには、私の指示によるものだと誤解する人たちもいた。だが、それは違う。

私は、松下幸之助さんの指示、決断を社員に伝える、いわば、松下さんと社員の間を繋《つな》ぐパイプ役はしたが、それ以上でも以下でもなかった。

そういうように、若い社員たちに、懸命にそれぞれの役割に取り組んでいるとき、松下幸之助さんは、ジャーナリストたちが、「松下さんは、ＰＨＰ活動に、非常に熱心ですね」と問われるたびに、「いや、あれは、私の〝道楽〟ですわ」と応えていた。

その、松下さんの〝道楽〟という言葉を側で聞くたびに、私は、無性に腹が立った。なにが〝道楽〟か。若い社員たちは、使命感に燃え、ひたすら、それぞれの役割を果たすべく、日夜奮闘し、努力している。

いわば、それぞれがそれぞれの「青春」をかけ、「命」をかけているのに、それを、総大将である松下幸之助が、〝道楽〟とは、なにごとか。たとえ、松下幸之助でも許すことは出来ない。

あるときの取材でも、同じような質問に、また、同じような応えをした。取材陣が部屋を出た直後、ついに私の思いは爆発した。

「今の取材だけでなく、いつも、〝ＰＨＰは道楽だ〟と言われる。しかし、若い社員たちは、青春をかけ、いわば、命がけで仕事をしてくれている。それを総大将が〝道楽だ〟と言う。社員たちの姿を思うと、いくらなんでも許すことは出来ない。二度と、〝道楽〟などと言わないでいただけませんか」と言う私の顔を、松下さんは静かに見つめていたが、うなずくだけであった。しかし、その後、決して、「ＰＨＰは道楽」と言うことはなかった。

しかし、松下さんが亡くなってから、最終決断まで、すべて、私自身が下さなければならなくなり、そのあまりの重さに耐えかねる思いをしたとき、「経営を楽しむほどになりたい」と、つくづく思うことがあった。

が、その瞬間、「PHPは道楽」と言った松下幸之助さんに、なんということを言ったのか、なんと申し訳ない、心ないことを言ったのか、と冷や汗が背中を走るのを感じた。

「PHPは道楽だ」というのは、「もともと経営は難しいものだが、PHPの経営は、難しいが、それだけにやり甲斐もあり、楽しい」と言ったのではないか。今でも、しみじみ、松下幸之助さんに、「PHPは道楽だ」と言わせてあげておけばよかったと思っている。

今、新型コロナウイルス惨禍で、多くの中小零細企業の経営者の皆さん、従業員の皆さんは、過酷な戦いのなか、苦悩し、不安に慄《おのの》いているが、今の苦しみを、むしろ楽しむ。道楽として受け止める。いや、無責任だとは承知しているが、一面、そのような心持も大

事ではないか、

「経営は道楽、困難もまた道楽」、「仕事は道楽、困難もまた道楽」と思うことが大事ではないかと、誤解を恐れず、祈りを込めてエールを送りたい。

いつまでも大嵐が続くことはない。必ず、晴れる日が来る！　明るい朝が来る！

今日、4月27日は、松下幸之助さんが亡くなった日である（32年前　平成元年（1989年）4月27日午前10時6分没、享年94、今年、2021年で生誕127年）。

＊一般に、「道楽」と言えば、本来の生業《なりわい》、仕事ではなく、骨董収集とか、遊び事とか、そのようなことを指すが、もともとは仏教用語である。
「修行によって得た悟りのたのしみ」という意。「仏の道を求め、困難苦難を超えて、道を修めて得られる結果の法悦」が「道楽」であるという。
「楽に二種あり。俗楽と道楽なり」と仏典は説いているらしい。「刹那《せつな》の俗楽」に耽《ふけ》ることなく、迷妄を脱して「確かな道楽」を求めなければならないということ。従って、仏教的には、「道楽」はいいことということである。

第5章

良き指導者は己《おの》れを律するを知る

指導者に求められる「徳」とはなにか

指導者は
「言葉」でなく
「徳」で、「心」で
人々を統率して
いかなければならない

昔、中国・後漢の時代に、「徳のある人」と評判の高い人がいた。この人、なにを訊かれても、ただ、「それもまたよし」と言うだけであったという。

ある人が、「世間では、あなたのことを、人格高潔、徳のある方だと言っています」と言うと、「それもまたよし」と、ひと言。

別の人が訪ねて来たとき、「世間では、あなたのことを、馬鹿な奴、間抜けな奴だと言っていますが、まことに腹が立ちますね」と憤慨して言うと、「それもまたよし」とひと言。

また、あるとき、「私は、最愛の独り息子を亡くしました」と涙ながらに訪ねて来た人がいたが、そのときも、ひと言、「それもまたよし」。

とにかく、「それもまたよし」としか、言わない。見かねた妻が、「なんということですか。徳の高い人だということを信じて、悲しみを訴え、励ましの言葉の一つもかけて欲しいと、遠くから訪ねて来た方に、慰めの言葉も言わず、それもまたよし、なんていう人がありますか」と声を荒らげて詰問すると、「それもまたよし」とひと言、応えただけであったという。

しかし、それはそれなりの解釈をすべきではあるが、現実的に、「それもまたよし」と応えるだけで、「徳のある人」になるだろうか。私には、そうは思えない。やはり、そのあとの対応の仕方もまた、大切ではないかと思う。

例えば、ある男が訪ねて来て、「俺は、彼奴《あいつ》らを殺そうと思う」と言ってきたとき、「それもまたよし」のひと言だけを言ったとして、そういう人を、人びとが、「徳のある人」と言うはずがない。「それもまたよし」と応じたあとの適切的確な対処対応を言わなければならない。

ところで、「徳のある人」とは、どのような人か。穏かで、包容力があり、精神的に安定している人を指すとか、気品、意志、恩情、理性、忠誠、勇気、名誉、誠実、自信、謙虚などを兼ね備えている人を指すという人もいる。

儒教的に言えば、「徳のある人」とは、ご承知の通り、仁、義、礼、智、信の五徳があり、孝、悌、忠の実践できる人であろう。

とはいえ、それ以外にも、「徳のある人」の定義は、ごまんとあるから、「徳のある人」の定義はないと言っても過言ではないかもしれない。

私は、「徳のある人」とは、①すべてを容認する包容力があり、②それぞれの人を、人間として遇し、③正しさを体得し、④それに基づき、適切、的確に対応、礼をもって処遇することが出来る人のことではないかと思う。

そのような人に、人間的温かさを感じる。すなわち、徳を感じるから、多くの人たちが敬慕して、寄ってくる。黙っていても、多くの人が集まってくる。

かの「徳のある人」も、すべての人を、すべての意見を、「それもまたよし」と言って、受け止め、そして、多分、そのあと、礼を尽くして、適切に対応したから、「徳のある人」と言われたのではないか。「それもまたよし」だけでは、誰も、「徳のある人」とは思うはずもなかろう。

また、「徳のある人」は、人々をして、感動心服させる「人間的魅力のある人」でもあろう。

かの「徳のある人」に、私の「徳のある人」の定義を話せば、きっと、「それもまたよし」と言うに違いない。

指導者は、自分に人々が寄って来ない、人々が話を聞いてくれない、ついて来ないと嘆く前に、「己れに徳有りや無しや」と自問自答しなければならないと思う。

なぜなら、これからの異次元技術の時代の指導者は、「言葉」ではなく、「心」、すなわち「徳」で、人々を統率していかなければならないからである。

台湾で伝えた松下経営のDNA

日本的経営の本質はなにか
松下幸之助の経営哲学はなにか
松下幸之助のエピソードのいくつか

台湾講演は
充実したものであった

久しぶりに海外（台湾）での講演旅行をした。

大抵、私の講演は、壇上に上がって考えることにしている。原稿を書いて、それを読む講演は、苦手。講演のときに、どうにも緊張感が出てこない。出がらしのお茶を飲んでいるような感じだから、途中で飽きてしまう。もちろん、ＰＰ（パワーポイント）も原則、使わない。悪いクセだとは思うが、仕方がない。

だから、会場の方々の顔や雰囲気を見て、思いつくままに話すことにしている。

今回の連続講演も、そのときそのときに、思うことを思うままに話をさせて頂いた。多分、この講演旅行を企画した馬岡孝行氏は、内心はハラハラとしていたのではないかと同情する。

台湾松下では、「Panasonicの経営理念とはなにか」、「創業者・松下幸之助は変化をどのように読み、どのように取り組んだか」、「台湾松下の、あるべき姿と松下幸之助精神」などについて講演。

経営理念の根底は「人間大事」であり、ゆえに「経営はむろんのこと、すべてのことは、人間から出発し考え、実行しなければならない」という話など、一般論として話をしてみた。

午前と午後、計６時間、合わせて２５０名ほどの幹部の方々、社員の方々が熱心に聞いて下さったのは、大変うれしかった。

台北市日本工商会では、２００人ほどの日本人ビジネスマンの皆さんに、松下幸之助さんと私の実際の会話をもとにしながら、エピソードを中心に、「成功の法則・松下幸之助はなぜ成功したのか」について、実話版の講演をさせて頂いた。ここでも、皆さん、非常に興味深く聞いて頂いたように思う。

ここでは、「指導者は、心を許して遊ぶな」、「客づくりより、ファンづくり」など、いくつかの項目を繫《つな》いで講演をした。

台湾大学では、「松下幸之助に見る日本型経営哲学」について、１００名ほどの学生の皆さんに、「本質的日本の経営とはなにか」「日本人は仕事をどのように思っているか」、そのＤＮＡについて、私の考えをお聴き頂いた。

日本型経営の本質は、①役割を果たすこと、②自己成長を旨としていること、③誠実さを前提としていることなど、歴史的実証的に説明してみた。

中の日、李登輝《りとうき》元総統をご自宅に訪問。１か月ぶり。にこやかな笑顔、お元気なご様子に接し、安堵《あんど》（最後にお会いしたのは２０１９年12月14日。翌年７月30日逝去）。

野分来《のわき》るか　笑顔の奥の　憂懼《ゆうく》かな　（かつひこ）

その他、たくさんの方々とお会いする機会をつくって頂いた馬岡孝行氏に、改めて、心から感謝する。

指導者のあるべき姿と恩田木工《おんだもく》

嘘《うそ》をつかないこと
不正をしないことを
貫き実行して
藩政改革に取り組んだ
恩田木工

江戸時代中期、信州（長野県）松代《まつしろ》藩十万石の藩主が真田信安のとき、その放漫な藩政によって、悪臣が跋扈《ばっこ》し、賄賂《わいろ》が横行。加えて、千曲川《ちくま》の洪水、地震による被害も大きく、藩の財政は極度に窮乏していた。

13歳で藩主を継いだ、その子、幸弘は、ずば抜けて聡明な少年であった。16歳のとき、39歳の恩田木工（＝杢）を登用して、藩政の改革と財政立て直しを断行させる。

このとき木工《もく》は、辞退するが、幸弘は、「わが藩政の窮乏は幕府に知られており、たとえ、お前の力が及ばず、財政の立て直しができなくとも、お前の失態にはならない。それでも辞退すると言うならば、それこそ、不忠というものぞ」と言う。16歳とは、とても思えない言葉である。

木工は、引き受ける決心をして、次のように言う。

「この役を引き受けるにあたって、重役やご親類が私の申すことに異議を言われては、なにも出来ない。だから、私の申すことに反対しないという文書が欲しい。そのかわり、私に不忠不正があれば、重罪に処して頂く旨の誓紙《せいし》をお渡しする」と。そして、藩主幸弘の前で、文書と誓紙を交わす。

しかし、恩田木工の凄《すご》さは、親類及び家の子郎党をひとり残らず集めて、事の次第を話し、次のようなことを言うことだ。

「私は、このたび、藩政改革の大任を引き受けた。ついては、まず、女房には離縁するから、実家に帰るように。子どもたちは勘当するので、どこへでも行くがいい。また、親類とは絶縁するので、そのように心得てもらいたい。最後に、家来どもは、残らず、暇《いとま》をくれるから、どこへ奉公しても勝手である」

さらに言う。「私は、どのような事情が生じても、嘘は、決して言わないことにした。それをまず、藩の内外に宣言せねばならない。ところが、私に最も近い女房、子ども、親類、家来が嘘を一つでも言ったならば、あれを見よ、木工の言うことも、今までの悪臣たちのように信頼できぬ、と言われるだろう。そのようなことでは、改革など思いもよらぬこと。だから、つらいけれども義絶の決心をした」。

「たとえば、私は、これから毎日、飯と汁だけ食べることにするし、着物は今まであるものが使えなくなったら、すべて木綿にする。そうなれば、お前たちは、こっそり、なにかを食べたかろうし、木綿以外のものも着たいだろう。嘘を言わぬことは難しく、常人には、とても出来ないことなのだ」と話す。

すると、奥方は、「私も、きっと、嘘は言わず、飯と汁以外は食べず、木綿以外は着ないことにします。どうぞどうぞ、離縁など、お許しください」と涙ながらに言う。

「そうまで言ってくれるなら、離縁する理由はない。しかし、子どもたちは、そうはいくまいから、出て行くがよい。カネは相応に渡すから、心配しなくてもいい」と言うと、子どもたちも、「お父上様、私たちも嘘を言わず、決して、陰で、うまいものを食べたりはしません。どうぞ、勘当はお許しください」。

家来たちも、「私どもも、決して嘘を言いませんし、飯と汁だけで十分です。どうぞご慈悲ですから、今まで通り、勤めさせてください」と、泣きながら言う。

「それ程までに申してくれるなら、今まで通り働いてもらい、給金も従来通りにする」と木工が言うと、「いいえ、給金はいただかなくても、食べるものさえいただければ、結構です。着物は持っておりますし、着れなくなったら、旦那様の古着なりとも拝領いたしますし、お給金はいただきません」。

それに対して、木工は、次のように言う。「それは心配しなくてもいい。私の石高は千石だ。飯と汁だけにすれば、不如意《ふにょい》はない。お前たちも、妻子を養わねばなるまい。給金は受け取ってもらわねばならない」。

これを聞いて、家来たちは涙を流して喜び、「まことに、ありがたき幸せ」と、ひれ伏すばかりであったという。

親類の人々も、「木工殿が、それほどのご決意なら、我が家でもその通りにする」と誓って言った。これに対して木工が言うには、「それは、ありがたい。それなら、義絶しないことにする」。

木工は、こうした家族、親類の覚悟を確認したうえで、領民を呼び出し集め、「これから、自分は、絶対に嘘をつかず、いったん決めたことを変更することはない」と告げる。領民も、「恩田様は、決して嘘は言わぬ、また、今までのように朝令暮改もしない、また、たびたびの苦役《くえき》も取りやめにすると仰《おお》せられたからには、恩田様を切腹させてはならぬぞ！」となった。

恩田木工は、領民の心をつかみ、松代藩を「ONE TEAM」にするとともに、次々に成果をあげる。彼は、山野荒地の開拓や養蚕の奨励をはじめ、多方面にわたる事業を興し、5年を経ずして藩の財政を立て直し、安定の基礎をつくり上げた。しかし、惜しむらくは、その藩政改革の完成を見ずに、46歳で逝去している。

ところで、なぜ、恩田木工が、藩政改革に成果をあげることが出来たのか。それは、自分だけでなく、一族郎党にも、①嘘をつかない、②不正をしないことを実行させたことだ。

恩田木工の、いわば、「自制の覚悟」こそが、領民を納得させ、結束させ、藩政改革を成功へと導いたのではないか。

翻って、今の日本の指導者は、「自制の覚悟」をもっているのか。一族、親類、果ては秘書にまで、「自制の覚悟」を求めているのかということである。

私は、「指導者のあるべき姿」を常に、「恩田木工」に重ね合わせている。

対立しつつ調和する、日本人の楕円《だえん》の思考

日本は楕円の思考
欧米は直線の思考
欧米の生水を
そのまま飲むことは

危険である

神宮（伊勢神宮）のご神体は、天照大神《あまてらすおおみかみ》をあらわす「八咫鏡《やたのかがみ》」。のみならず、全国、多くの神社が、鏡をご神体にしている。だから、神社に参拝すると、大抵は、その神社本殿の奥に、鏡が置かれている。

ということは、天照大神を拝んでいる、神様に祈っているとともに、鏡に映っている自分を拝んでいる、自分にお願いしている、ということになる。それは、神様に頼るだけでなく、自分で自分を見つめなさい、自分で考えなさい、自分で努力しなさい、ということを意味しているのではないか。神様にお願いしているようで、実は、自分にお願いしている。神様に感謝しながら、実は、自分に感謝していることにならないか。

要は、手を合わす自分が、鏡に映って、ぐるっと楕円を描いて、手を合わせている自分に戻ってきていると考えられないかということである。

ほとんどの日本刀は、まっすぐではない。反《そ》っている。その切っ先を相手に向けながら、しかし、その反った切っ先からの延長線を辿《たど》ると、自分の背中に突き当たる。ぐるっと、楕円を描いて、刀の切っ先を相手に向けながら、実は、見えざる刀の切っ先を、自分に向けていることになる。どうも日本人の思考は、どちらかというと、曲線的というか、楕円的思考ではないか。

そう考えてみると、神と人間を対立的に考える直線的思考、相手と自分を対立的に捉える直線的思考の欧米人の思考とは、大きな差異がある。そう感じるのは、私だけであろうか。

松下幸之助さんの「対立しつつ調和することが大事だ」という考え方は、いかにも日本人の思考の中から芽吹いているように思う。直線的思考ならば、「対立か、調和か」の二択になる。

もちろん、直線的思考を否定するつもりは、毛頭ない。しかし、直線的思考の欧米基準を、そのまま、曲線的思考、楕円的思考の日本に取り入れることは、海外の生水をそのまま取り入れ、飲むような危険性があると言えるのではないか。

直線的思考の欧米基準を受け入れるならば、漢字を取り入れ、それを活かしながら、ひらがな、カタカナを創り出した人たちのように、西欧基準、世界基準、いわゆる、「グローバルスタンダード」を受け入れつつ、それを「日本化」していく知恵、工夫が必要だろう。

「日本化」する知恵も出さず、工夫もせずに、そのまま「グローバルスタンダード」を、生水のまま飲むようなことをすれば、日本は、また、日本企業は、早晩、衰退の道を辿るのではあるまいか。

みずからを律する

経営者
とりわけ、起業に成功した経営者は
みずからを律するために
諫議役《かんぎやく》、史官役を
任命してもいいかもしれない

「創業が難しいか、守成が難しいか」という言葉を知らない経営者は、まず、いないだろう。唐の第2代皇帝・太宗《たいそう》が侍臣《じしん》たちが集まっているところで問うた言葉である。

すると、参謀のひとり、房玄齢《ぼうげんれい》が「それは、創業でしょう。なにせ、天下争乱、群雄割拠のときに、強敵を撃破する、命懸けの難事です。当然、創業が難しいと思います」と言う。

もうひとりの参謀である魏徴《ぎちょう》は、「創業は、前代の治世が上手《うま》くいかなかったから、新しい帝王が出てくるので、さほどのことはありません。それより、新しい帝王が、次第に油断し、気を緩め、贅沢三昧《ぜいたくざんまい》をし始め、また、人民に労役、苛税を課し、国が乱れ、人民は帝王を怨嗟《えんさ》する。これが原因で、国が滅亡します。ですから、守成のほうが難しいと思います」と言う。

太宗は、「それぞれの言い分は、もっともだ。しかし、創業のときは去った。守成のときになった。守成の困難を考えて、私共々、よくよく注意していこう」と応える。

今日的に言ってみれば、「起業が難しいか、経営が難しいか」ということだろう。起業もそれなりに、アイディアと度胸がなければできないから、難しいと言えるが、しかし、その起業を結果的に成功させるためには、経営に巧みに取り組んでいかなければならないということになる。

すなわち、当初は、弛緩《しかん》なく、気を張っていた起業家も、ひとたび上手く軌道にのり始めて、経営者になると、魏徴の言う如《ごと》く、油断が生まれ、奢《おご》りが生まれ、傲慢《ごうまん》になり、放漫になる。だから、なかには趣味や女色に溺《おぼ》れる者もでてくる。現に、月旅行に行くだとか、女優、タレントに手を出した者もいる。そして、破綻《はたん》した。

それは、起業し、経営が上手くいく者、誰でもが経験するであろう、「目くるめく陥穽《かんせい》(=落とし穴)」である。「堕落への誘惑」、「放縦への愉楽」である。とはいえ、自戒し、自省することは、とりわけ、若い経営者には難しいだろう。

その眩惑《げんわく》、堕落、放縦に陥らないために、冒頭の唐の太宗の採った「二つの職制」は、大いに参考になるのではないか。「二つの職制」とは、一つは、「諫議大夫《かんぎだいぶ》」、一つは、「史《し》官《かん》」である。

「諫議大夫」は、太宗自身に、敢《あ》えて苦言、忠告、諫言《かんげん》をするための役職。諫議大夫はそれが仕事であるから、太宗は、諫議大夫に諫言され、忠告、苦言を呈されたからといって、激怒したり、排除したり、ましてや、処刑することなどできない。太宗は、自分を諌《いさ》めるため、そのような役職まで新設していることは覚えておいた方がいい。

「史官」とは、太宗の日々の言動を記録する役職。この記録は、公正を期するため、太宗すら見ることが出来ないことにした。だから、なにを書かれ、なにが後世に伝えられるか、太宗には分からない。

太宗は、わざわざ、「諌議大夫」と「史官」を新たに設けてまで、自らを追い込む（それでも、晩年は、諌言を受け入れないときもあったというから、みずからを律するということは、それほど難しいといえるかもしれない）。今でも、太平の世を実現した「名君」として、その名を残しているのは、そのためであろう。

この太宗の「二つの役職」を参考に、「諌議担当役」、「社長言動記録役」を、起業に成功した若い経営者のみならず、すべての経営者は、設けてみてもいいのではないか。

要は、常に油断せず、心遊ばせず、気を緩《ゆる》めず、自分で、みずからを戒め律することは難しいからこそ、この「二つの役職」をおくことを考えてみる必要があるのではないかということである。

組織は知識や理屈だけで動くものではない

組織は
小賢《こざか》しい
理論、理屈だけで
動くものではない

湖に城が浮かんでいる。異様な城。洪水の残した湿地帯に囲まれている忍城《おしじょう》（現・埼玉県行田市）は、ゆえに、浮城《うきしろ》とも呼ばれていた。

その忍城を、天正18年（1590年）、秀吉の命を受けた石田三成が2万3000人の軍勢で攻める。

守るは、総大将の成田長親《なりたながちか》以下500人の家臣と農民を含む領民合わせて3740人。多勢に無勢。それは、長親も承知している。主君の氏長《うじなが》（長親の従兄《いとこ》）からも、任せるが、降伏するようにと言われていた。しかし、長親の反骨精神が、それを許さなかった。

6月4日、三成の軍使・長束正家《なつかまさいえ》の「和戦いずれかを訊こう！」「降《くだ》るなら、城、所領とも安堵《あんど》してつかわす。戦うと申すなら、我が兵2万3000で踏み潰《つぶ》す！」「返答せい！」という高圧的、居丈高《いたけだか》の態度に、長親は反発。そして、「戦いまする」と宣言する。

主君の氏長より、降伏を受け入れるようにと屈辱的な指示をされ、その場に立ちあっていた重臣たちは、このひと言で奮い立った。そして、さらに、長親は、正家に「坂東武者の槍《やり》の味、存分に味わわれよ」と言い放つ。

とはいえ、この長親は、将に求められる武勇も智謀もなく、「でくのぼうのような男」と言われていた。領民たちでさえ、でく「のぼう」、「のぼう様」と呼んでいたほどである。

ただ、この長親、他人から好かれ、愛される人柄、とりわけ、農民など領民から「絶大な人気」があった。今流に言えば、領民たちは、長親の「熱狂的ファン」であった。

なぜならば、長親は、日頃から、領民、農民の中に気軽に入り込み、接し、話しかけ、冗談を言って、領民、農民たちともども、大笑いする。領民、農民も、それに応じて、冗談で返す。そのような振る舞いであったからだ。

それゆえ、長親の、大方の予想に反しての宣戦布告も、領内の女子どもたちでさえ、加勢入城するなど、その士気は異常なほど高かった。加えて、地の利もあった。だから、緒《しょ》戦《せん》は、長親の忍城側が圧勝する。

ところが、三成は、近くを流れる利根川をひいて、水攻めを行う。総延長28キロに及ぶ堤を築く。かくして、忍城は、本丸を除いて、城下を含め、水に沈む。

この水攻めに対して、長親は、城を囲む水の上に舟を出して、敵兵の前で、田楽《でんがく》踊りを舞う策に出る。

自らを敵に晒《さら》し、挑発して、撃たせ、犠牲になることで、家臣、領民、農民たちを、一層奮い立たせ、「死兵（死をも恐れぬ兵）」にすることで、三成の軍勢と戦い抜く策略であった。

三成は、その策略にまんまとのせられ、雑賀衆《さいかしゅう》に、水上の舟で田楽踊りを舞う長親を狙《そ》撃《げき》させる。肩を撃たれた長親は一命を取り留めるが、堤づくりに雇われていた農民は、長親が撃たれたことを知ると、長親への慕情と、水田、農地を台無しにされた怒りから、堤を壊し、ために、三成の水攻めは失敗する。

水が引き、三成軍が総攻撃を行なおうとする矢先、小田原城が落城したとの知らせがもたらされると、さすがの長親も忍城を開城、有利な条件で降伏するが、小田原城落城時まで持ちこたえた支城は、この忍城だけだった。

この話は、２００７年に、ベストセラーになった和田竜著『のぼうの城』が面白い。また、2012年に映画化されているから、ご存知の方も多いと思う。

組織は、小賢《こざか》しい知識や理屈だけで動くものではない。経営は、キレ者が、統計、数表、データを駆使するだけで、うまくいくものでもない。ましてや、経営を知らない学者、評論家の著作に基づいて、部下にやる気を起こさせることは、不可能に近い。

むしろ、そうした知識、理屈、統計、数表、データ、理論より、社長ひとりの人柄、人望、人徳、すなわち、温・良・恭・倹・譲によって、経営の成否が決まることが多い。

そのことを、成田長親、のぼう様は、我々に教えてくれているように、私は思う。

安岡正篤の「六中観《りくちゅうかん》」

誰《だ》れでも壁にぶつかる

誰れでも困難に直面する
そのとき、絶望し、空虚にならぬよう
「六中観」を心掛けたい

安岡正篤《やすおかまさひろ》は、明治31年（１８９８年）、大阪市生まれ。陽明学者、各界指導者に多大な影響を及ぼす。昭和20年（１９４５年）の「終戦の詔書《しょうしょ》」の草案に、加筆修正したことは有名である。

また、吉田茂から師と慕われ、岸信介、佐藤栄作などが教えを仰《あお》ぎ、〝歴代総理の指南役〟と言われている。昭和58年（１９８３年）に歿《ぼっ》するが、亡くなって5年後に始まる「平成」も安岡正篤の発案と言われている。

その安岡が、「私は平素ひそかにこの観をなして、いかなる場合も決して絶望したり、仕事に負けたり、屈託したり、精神的空虚に陥らないように心がけている」（安岡正篤著

『百朝集』58）と言っていたのが、自作の「六中観」である。

六中観

忙中閑あり　苦中楽あり　死中活あり　壺中《こちゅう》天あり　意中人あり　腹中書あり

忙中有閑

「ただの閑は退屈でしかない。ただの忙は文字通り心を亡ぼすばかりである。真の閑は忙中にある。忙中に閑あって始めて生きる」

苦中有楽

「いかなる苦にも楽がある。貧といえども苦しいばかりではない。貧は貧なりに楽もある」

死中有活

「死地に入って活路が開け、全身全霊をうちこんでこそ、何ものかを永遠に残すのである。のらくらと五十年七十年を送って何の生ぞや」

壺中有天

「世俗生活のなかにあって、それに限定されず、独自の世界、すなわち、別天地がある。(＝心の休まる別世界をもつこと)」(『後漢書』方術伝・費長房《ひちょうぼう》の故事によるとある)

意中有人

「常に心の中に人物を持つ。或《あるい》いは、私淑する偉人を、また要路に推薦し得る人材はここというように、あらゆる場合の人材を用意しておく」

腹中有書

「目にとめたとか、頭の中のかすのような知識ではなく、腹の中に納まっておる哲学のことである」

(各項目の説明は、安岡正篤)

２０２０年が終わりを告げ、新しい年を迎える。来年はどのように心掛けで過ごそうか。

そう思いながら、この「六中観」が頭の中を巡《めぐ》っている。

平成は　遠くになるか　除夜の鐘　（かつひこ）

他人と比較して己《おの》れを評価するは愚かなこと

作為なく
自然の理法に身を委《ゆだ》ね
意図的な、恣《し》意《い》的な心を
一切排して
生きていくのも賢明かもしれない

『荘子《そうし》』には、自由な生き方、内省的で、超俗的な寓話《ぐうわ》が多い。だから、読んでいても、えっ？　なるほど、こういう見方、考え方も出来るのか、と面白い。

また、『荘子』は、「強者の思想」というより、弱い立場の者がどう考えたらいいか、虐《しいた》げられた者がどう自分を捉えたらいいか、いわば、「弱者の思想」が展開されているように思う。その一節（人間世篇《じんかんせいへん》）に、次のような話がある。

石《せき》という名前の、大工の棟梁《とうりょう》が弟子を連れて出かけた。あるところに来ると、ある社《やしろ》に、とてつもなく大きい櫟《くぬぎ》の大木が聳《そび》え立っていた。

その大きいこと、枝は、実に数千頭の牛を覆うほどであり、その幹の周囲は、百人ほどが手をつなぐほどの太さ。また、その高さは、あたりの山々よりも高い。それも舟をつくれるほどに大きい枝が幾十本もはり出している。

その大木を見に来ている見物人は、市場に集まってくる人数をはるかに超えている。弟子は、思わず、その巨大さに立ち止まり、見上げ、見回して、その立派さに感嘆暫《しば》し。それから、先に行っている棟梁を走って追いかけた。

追いついて、荒い息を吐きながら、棟梁に尋ねた。「私は、親方に弟子入りしてから今日まで、こんな素晴らしい大木を見たことがありません。それを、親方は、一瞥《いちべつ》すらせずに、通り過ぎてしまわれました。どうして、あのような見事な大木をご覧にならなかったのですか」と訝《いぶか》しげに問うた。

すると、棟梁の石は、「生意気なことを言うな。あの大木は、役に立つようなシロモノではないのだ。分からんか。あれで舟をつくると沈んでしまい、棺桶はすぐに腐り、器をつくればすぐに壊れて、門扉にすると樹脂《やに》が出て、柱にするとすぐ虫がつく。そういう役立たずの木だ。使い道がないからこそ、誰も、切り倒したり、枝を折ったりもしない。だから、あのような大木になることが出来たのだ」と言った。

という一節がある。この個所を読むと、なにも取り柄がない、なにも知恵がない、人付き合いが下手と嘆《なげ》くこともあるまい。小賢《こざか》しい知恵や知識を身につけるより、そのほうが、むしろ、持って生まれたその人の人生を全《まっと》うすることが出来るとも言える。そのほうが、自分の天分、本分を、とことん発揮できるというものだろう。

そう考えると、あれやこれやと思い煩《わずら》うことなく、また、作為なく、自然の理法に委ね、素直な心で、あるがままの自分で生きていくことが賢明というものではないか。意図的な心を排し、恣意的な心を一切持たず生きていくのが、賢い生き方と言えるのかもしれない。

この話は、さらに続く。棟梁の石が家に帰った、その夜、櫟《くぬぎ》の精が夢に現れて、次のように言う。

「お前は、私を何と比べて、あのようなことを言ったのか。お前は私を、役に立つ木と比べているのではないか。だいたい、山査子《さんざし》や梨や橘《たちばな》や柚子《ゆず》の木は、その実がなるともぎ取られ、辱《はずかし》めを受け、また、大きい枝はへし折られ、小さい枝は、引きちぎられる。そうされるのも、役に立つからだ。

これは、それぞれの長所、取り柄であるが、その長所、取り柄のために、結局は、自分で自分の命を縮《ちぢ》め、才能は使い捨てられるということと同じではないか。だから、天寿を全うすることも出来ず、持って生まれた才能も出し切らないままに終わってしまうのだ。

そこで、俺の本分はなにか、天寿を全うし、自分の持って生まれた才能を出し切ることだと分かった。だから、俺は世の中の役に立たないよう、重宝されないように心がけてきた。この歳になって、ようやく役立たずだと認められるようになった。そのお陰で、天寿を全うし、自分の持って生まれた才能を出し切ることが出来るようになった。だから、その役に立たない、重宝されない、すなわち、それが、俺の天分であり、本分である。俺は俺の天分、本分を果たすことに、ようようこの頃、満足することが出来るようになったのに、お前は、役に立つ木と比較して、俺を役立たずと軽蔑する。他と比較して、なんになる。そういう、他と比較することの無意味さが分からないのか。お前如《ごと》きに俺の天分、本分が分かってたまるか。

他と比較せず、それぞれの存在を見て、それぞれ固有の天分、本分を見抜く力もないくせに、偉そうに、役に立つとか、立たないとか、上から目線で言っているが、お前のような能無しに、役立たずの木の俺の真価が分かろうはずはないのだ」。

荘子が言う、「無用の用」の寓話である。また、ここで、人為を排し、「無為の為」で、生きることを主張している。

もちろん、このような生き方が現実に出来るかどうかは分からないが、いずれにしても、他人と比較して評価することの愚かさ、それぞれの人固有の天分、本分を見抜く力のなさのままに、他人を批評することが愚《ぐ》であることだけは、お互いに覚えておきたいと思う。

環境が人をつくり、人を育てる

同じ家に生まれた子どもも
育て方によって
天と地の差が出てくる
社員、部下も
同じである

今は昔。ある左大臣には、まことに可愛らしい二人の姫君がいた。政《まつりごと》に忙しく、とても娘たちと一緒に過ごす時間もなく、左大臣夫婦は、娘たちの養育を、それぞれ二人の乳母に任せることにした。

上の姫君の乳母は、どちらかと言えば、不器量で、性格もあまり良くない女性であった。

人の忠告を聞くなどということはしないばかりか、実にわがまま勝手。食事の作法もよく知らないから、上の姫君に食事をさせるのも、箸《はし》を使わせず、両手でつかみ、かぶりつくように食べさせた。その養育は、まるで犬の子を育てるようであった。

下の姫君の乳母は、気立て、性格がいいだけでなく、万事に教養のある女性であった。雛《ひな》人形を美しくつくり飾って、下の姫君の心を慰め、まるで友だちのように付き添い、無作法をすればよくよく注意し、躾《しつけ》、また、女性の教養としての書、和歌、琴なども十分に教えた。

ここにもまた、でしゃばりで、つまらないならまだしも、面白く話をつくって言いふらす女がいた。いつの世にもこのような女がいるものだ。で、上の姫君の乳母のところに行っては、下の姫君やその乳母のことを誹《そし》り、下の姫君の乳母のところに行っては、上の姫君や乳母の悪口を言って、面白がっていた。

この女の話を、下の姫君の優しい乳母は取り合わなかったが、上の姫君の性格の悪い乳母は、この女から、下の姫君の乳母が書や和歌や琴を教え、「まあ、意味のないことで、日々を過ごしていますよ」と聞くと、下の姫君の乳母にひどく嫉妬《しっと》して、激怒した。

そして、「書などは、日記がつけられる程度で十分。歌などつくっても、銭、米にもならない。琴を弾いても、誰も、なにもくれない。人間にとって大事なのは、現実的な算術が一番」と、上の姫君に言い聞かせ、当時の女性の教養としては不必要な算術を教えた。

二人の姫君が十歳を過ぎた頃、仲秋の名月の夜、左大臣夫婦は、娘たちの成長ぶりを楽しもうと、宴《うたげ》を催した。そこで、それでは、皆で、月を題に歌を詠《よ》もうということになった。

下の姫君は、次のように詠《よ》んだ。

「花咲きて　春にかすめる　月はあれど　秋の今宵の　空にことなる」

（花の咲く春の朧月《おぼろづき》も面白いのですが、今宵見る秋の月は、それとはまた、違った格別

の趣《おもむき》がありますね）

ところが、上の姫君は、次のように詠んだ。

「つくづくと　眺むるかひも　名のみにて　口に入らず　もち月の影」

（望月は、あの食べる餅《もち》と同じ音ですのに、いくら眺めていても、食べることが出来ず、残念ですね）

この二人の娘の歌を聞いて、左大臣夫婦は、それぞれの歌の違いように驚き、上の姫君の乳母を厳しく叱責《しっせき》するとともに、その場で、すぐに暇《いとま》を出した。その場に居合わせた人たちは、「やはり、幼い者は、ただ、育て方ひとつですね」と語り合ったことである。

というような話が、鎌倉・室町時代に書かれた『乳母《めのと》の草紙』（作者不詳）にある。

「氏《うじ》より育《そだ》ち」という言葉がある。「家柄や身分よりも、育った環境や躾のほうが、人間形成に強い影響を与えるということ」であるが、確かに、同じ兄弟、同じ姉妹でも、家柄、身分ではなく、環境や躾によって、大きな差が出てくると思う。

社員、部下とて同じこと。『可笑記《かしょうき》』に曰《いわ》く、「侍の善《よ》し悪《あ》しは、畢竟《ひっきょう》、仕へる主君次第なり」（巻一32）とある。社長、上司は、心すべきであろう。

企業が第一に守るべきは、法律ではない

企業は
法律を守る以上に
守らなければならない
ことがある

昭和60年（１９８５年）８月12日、18時56分。羽田発、伊丹行きの日本航空（ＪＡＬ）１２３便が、群馬県上野村の御巣鷹《おすたか》の尾根に墜落した。

この事故で、乗客乗員５２４名のうち、５２０名が死亡し、日本航空史上最悪の事故となった。そして単独機で世界史上最悪の死者数を出す航空事故となった。

ところで、このとき、東京のK企画会社が倒産した。テレビや新聞でも取り上げられたが、このことを覚えている人は少ないだろう。

誰が考えたのか、提案したのか、それは知らないが、墜落現場の土を集めて、小さな化粧箱に入れて、一箱５万円で、遺族に売り出した。これに対して、遺族の人たちが激怒し、世論も、このようなことで商売をするのは、人の悲しみに付け込んだ、あくどい会社だと囂々《ごうごう》と非難した。

そのため、すべての事業が立ち行かなくなって、アッという間に経営が行き詰り、倒産し、消えてしまった。

このところ、Compliance（コンプライアンス、法令遵守）を、企業は第一に考えなければならないと騒いでいるが、このことは、もう数十年前から言い続けられていることだ。

このK企画会社は、法律違反をしてはいない。法律の範囲内での商売だと言える。だから、経営者も逮捕されないし、担当責任者も法的に罪を問われていない。しかし、経営が行き詰り、倒産した。なぜか。

このことは、企業は、法律以上に考えなければならないことがあるということを意味している。

それは、その仕事、その事業が、人間的に適《かな》っているか、人道的に許されることかどうか、人間大事を前提にしているか、ということである。

もちろん、Compliance の中に、人道的なものも含まれているが、しかし、経営書では、中核に法律、次に社則、一番外《そと》に、ようやく倫理、しかも社会的倫理が取り巻くという構造として定義されている。

だから、企業が、人道についての関心が希薄になる、人間大事のことなど二の次になるのは、当然と言える。大抵のセミナーでも、コンプライアンスが大事、法律を守るのが大事、そして、付け足しのように、社会的倫理を説明する。

しかし、企業が、中核に置くべきは、人道＝人間大事、そして、法律、一番外に、社則と考えるべきではないか。

すなわち、企業が常に念頭に置くべきは、Compliance（コンプライアンス、法令遵守）ではなく、私の言うHumaliance（ヒューマライアンス、人道遵守）ではないのか。

法律さえ守っていれば、なにをしてもいいと考えるのではなく、法律に触れないけれど、人道的に適っているか、と自問し、経営を進める経営者でなければ、冒頭のK企画会社の轍《てつ》を踏むことになるのは間違いあるまい。

今一度、すべての企業は、Compliance（法律）以上に、Humaliance（人間）が大事であるということを、強く心すべきだろう。

人は「心の化粧」が大事

言葉《ことのは》は「こころの葉」
声《こえ》は「こころの枝」
それらが出てくるのは「こころ根」
心根を磨き、高める
「心の化粧」を心掛けたい

女性コミック誌『BE・LOVE』に連載された、『人は見た目が100パーセント』

（全5巻。大久保ヒロミ）が話題になり、テレビ化もされた。

真面目で優秀な女性研究員たち。「女子力」や「美」に背を向けていたが、このままではいけないと、就労後に「美」の特別研究をし始め、「女子」になりたい、けれど、なれないという「女子モドキ」たちの奮闘記らしい。

確かに、見た目、第一印象は、大事。初対面であれば、見た目でとにかく判断する以外にない。私は、時折、講演で、第一印象は、「ふ・み・こ」、すなわち、「ふみこの要件」で決まるなどと話をすることがある。

「ふ」とは、「ふんいき・雰囲気」、「み」とは、「みなり・服装」、「こ」は、「ことば・言葉遣い」。

「ふみこの要件」が第一印象だから、『人は見た目が100パーセント』ということは、あながち、的外れ、けしからんとは言えまい。

しかし、その人の本当の美しい「雰囲気、身なり、言葉遣い」は、一朝一夕で身につくものではない。やはり、日頃から、心の中で、「なにを、どのように考えているか、思っているか」で決まってくるのではないか。

すなわち、雰囲気も、身なりも、言葉遣いも、「こころ根」から、芽生え出るもの。

だから、よく言われるように、泥棒は泥棒の雰囲気、身なり、言葉遣いになり、詐欺師は詐欺師の雰囲気、身なり、言葉遣いになる。そして、刑事は刑事の雰囲気、身なり、言葉遣いになる。

いくら雰囲気を感じさせる美女でも、「こころ根のない切り花の、造られた美しさ」なのか、「こころ根のある、本当の美しさ」なのか、その気になれば、瞬時に分かるというのは、言い過ぎか。

身なり、服装も質素だけれど、清潔感があり、美しさを感じるとすれば、その人のこころが美しい。日頃から考え、思っていることがきれい。そのきれいな心から、美しさが滲《にじ》み出ているからだろう。

言葉も、「心の葉」だから、その人の「こころ根」から出ている。こころが美しければ、こころがきれいであれば、言葉遣いも美しくきれいになる。

そういう「こころ根」はまた、「顔」に出る。心が美しく、きれいであれば、「美しい顔」になる。いや、「美しい顔」以上に魅力を感じる「品のある顔」になる。

「品のある顔」は、美しい顔以上に、人を惹きつける。故・シスター・渡辺和子が、いつも、「お顔のお化粧と同じように、こころのお化粧をなさいまし。女のひとはもちろん、男の人も」と言われていたことを思い出す。

「人は見た目が１００パーセント」は確かだ。しかし、それだけでは、長いお付き合いで「お里が知れる」ことにもなる。口頃から、シスター・渡辺の言っていた「こころの化粧」

を、老若男女を問わず、心掛けたい。

人を弄《もてあそ》べば、徳を失う

武士に弱い者はいない
もし、いるとすれば
大将が家来を励まさない罪による

『名将言行録』をぱらぱらと捲《めく》り読みしていると、ふと「戸次鑑連《べっきあきつら》」、法号・「立花道雪《どうせつ》」に目が止まった。その他の逸話も含めて、彼の言動は、今も責任者に求められていると思うが、いかがだろうか。

ご存知のように、道雪は、戦国時代から安土桃山時代にかけての武将。その勇猛は諸国に知られ、「鬼道雪」と呼ばれ恐れられたという。

戦歴は大戦37回、小戦百余回、特に、道雪が大将となった戦いは、無敗の戦績。70代になっても戦いを繰り返し、「軍神」として誉め讃えられたが、とりわけ家臣たちに対する「仁の情」が深かったようだ。

主君の大友宗麟《そうりん》は、飼っていた凶暴な猿をけしかけて、家臣たちに飛び掛からせ、面白がっていた。しかし、家臣たちは、もちろん、どうすることも出来ず、困り果てていた。

これを聞いた道雪は、一人の家臣を連れて、宗麟の前へ出向く。案の定、宗麟がその家臣に猿をけしかける。猿がその家臣に飛び掛かった途端、道雪は鉄扇《てっせん》で一撃で叩《たた》き殺したという。

顔色を変える宗麟に、道雪は、「人を弄べば、徳を失い、物を弄べば、志を失う」と諫言《かんげん》している。

また、宗麟が酒と女に溺《おぼ》れて国政を顧みなかったときにも、道雪は、主君の宗麟に厳しく諫言している。

戦国時代、絶対的君主である主君に諫言するのは容易ではないどころか、命をかける覚悟がいる。しかし、諫言について、道雪は次のように言う。

「たとえ死を命ぜられようとも、主人の過ちを正すのが臣たる者の勤めである。我が身を恐れて自分さえよければ、他人はどうでもよいというのは、卑怯である。自分の命は露ほども惜しくはない」

道雪は若い頃、ある夏、暑さをしのいでいると、夕立となり、突然、雷が落ちてきた。持っていた銘・千鳥の太刀で、雷（雷神）を切り倒したという。その太刀は、それから「雷切丸《らいきり》」と銘が変わる。とはいえ、どのように切り倒したのか、私には理解できないが、多分、雷に打たれたのだろう。以降、道雪は、半身不随になる。

下半身不随になった道雪だが、１００人余の若い家臣に交代で手輿《しゅよ》を担がせ、その輿《こし》に座り、輿の横を叩きながら、若い家臣たちに「我を敵の中に入れよ。命惜しくば、その後逃げよ」と下知《げじ》し、みずから刀を振るって、戦ったとある。率先垂範の道雪を見て、猛然と戦わぬ家臣はいない。

家臣、今で言えば、部下への配慮も欠かさなかった。
「武士に弱い者はいない。もし弱い者がいれば、その武士が悪いのではなく、大将が家来を励まさない罪による。他の家にあって、後れをとる武士があらば、我のところに来て仕えるがよい。見違えるような優れ者にしてみせよう」と言っている。

武功の無い家臣には、「武功は運不運がつきもの。そなたが弱い者でないことは、我が一番よく知っている。それゆえ、明日の戦さで、汚名返上とばかりに抜け駆けして、討ち死になぞしてはならぬぞ。それこそ、不忠というものぞ。身を大事にして、この道雪を守り続けよ」などと言って、酒を酌《く》み交わしたりするから、家臣たちは、感激感動して、この道雪のために命を惜しまずに働いたという。

とはいえ、軍律に関しては非常に厳しく、筑後遠征で、一部の家臣が無断で陣地を離れて、我が家へ戻ったことを知った道雪は、直ちに追っ手を差し向け、そのとき追っ手に、家に帰った家臣のみならず、その親をも殺すよう命じた。

家老たちが、親まで殺すことはないだろうと諫《いさ》めると、「大事な戦場から、逃げ帰ってきた息子を追い返さないのは、親も同罪」と言って取り合わなかったという。

戦さの陣中で、道雪、病死。享年73。

いつの時代でも、指導者に求められるものは、変わらないのかもしれない。

「ならぬことは、ならぬものです」

正しいことは
敢然《かんぜん》として行い
正しからざることは
断固として行わない
人の道に反することはしない

「ならぬことは、ならぬものです」。いい言葉だと思う。

所用あって、福島県会津若松市に行った。

幕末、会津は、官軍と交戦。16、17歳で構成された「白虎隊《びゃっこ》」は、激戦の末、一部は飯盛山で自刃《じじん》、一部は鶴ヶ城に籠城《ろうじょう》、そして、落城。「白虎隊」の悲劇は、今に語り継がれている。

ところで、会津の「什《じゅう》の掟《おきて》」は、ご存知の方も多いだろう。

什とは、町内に住む6歳から9歳までの藩士の子どもたちが、10人前後で集まりをつくる。この集まりを会津では、「什」と呼ぶ。

什のメンバーは、毎日順番に、仲間のいずれかの家に集まり、最年長の什長《じゅうちょう》が、「お話しします」と言って、次のような「什の掟」を、一つひとつ読んで聞かせ、すべての「お話」が終わると、昨日《きのう》から今日にかけて、「お話」に背いた者はいなかったかどうかの反省会を行ったという。

その「什の掟」とは、

一・年長者《としうえのひと》の言ふことに背《そむ》いてはなりませぬ。
一・年長者にはお辞儀をしなければなりませぬ。
一・嘘言《うそ》を言ふことはなりませぬ。
一・卑怯な振る舞いをしてはなりませぬ。
一・弱い者をいぢめてはなりませぬ。

一．戸外で物を食べてはなりませぬ。
一．戸外で婦人《おんな》と言葉を交へてはなりませぬ。ならぬことはならぬものです。

この「什の掟」を古いと一概には言えない。中の5項目は、すぐに納得するだろうが、最初と最後はどうか。しかし、それも私は納得できる。

あなたの「喋《しゃべ》っている言葉」は、両親に、周囲に「背かなかったこと」、「そのまま受け入れたこと」で、今、自在に日本語を、自主的に操れるようになったはずだ。

最後の「お話」でも、男の子が、6歳頃に、この原則を身につけておけば、長じて、女性を尊重し、馴れ馴れしい態度もなく、丁寧に接することを覚え、今のような男の横暴、暴力、犯罪もなく、また、女性も野卑《やひ》軽薄になることはないのではないか。

そして、トドメの言葉は、「ならぬことはならぬものです」。言い換えるならば、「ダメなものはダメなこと」、「正しいことは敢然として行い、正しからざることは、断固として行わない」、「人の道に沿うことをし、人の道に反することはしない」ということだろう。

今、政治家、経営者はもちろんのこと、お互い国民もまた、「ならぬことは、ならぬもの」と心掛け、実践すべきではないかと思う。

ありのままで救われる

すべての人間は
ありのままの姿で
救われる

今、京都の私の塾が始まる時間の前に、夕立。近くの六角堂に隣接している「スタバ」で一服している。

京都・六角堂。正式には、紫雲山頂法寺《しうんざんちょうほうじ》というそうだ。本堂が、六角宝形造《ろっかくほうぎょう》りだから、一般的に、「六角堂」の名で、人々に親しまれている。

聖徳太子が、前世で信仰していた像が、淡路島の岩屋に流れ着いた。それを、太子は、護持仏として大切にしていたが、その像をこの場所に置いて、沐浴《もくよく》をしたあと、手に取ろうとしても、なぜか、動かない。

すると、その夜、夢に仏が現れ、「お前の守り本尊となってから、すでに七世が過ぎた。これからは、この場所にとどまって、衆生《しゅじょう》の救済にあたりたい」と言う。

そこで太子は、その場所にお堂を建て、護持仏《ごじ》（如意輪観音《にょいりんかんのん》）を安置した。それが、六角堂のはじまりとある。

六角堂は、「いけばな」の発祥の地としても有名である。聖徳太子が、六角堂の坊に花を供えるように言い渡し、それをはじめたのが、「いけばな」の発祥らしい。

華道の祖が、小野妹子《おののいもこ》という説もあるが、これには、諸説あるらしい。聖徳太子が沐浴した池のそばの坊ということで、華道の家元を「池坊《いけのぼう》」と言うとあるが、これについても諸説あるようだ。

ただ、興味深いのは、六角堂に、親鸞《しんらん》が祈願のため100日間、籠《こも》り、その95日目の明け方、夢に偈文《げもん》を得た。その偈文が、いわゆる「女犯《にょぼん》の夢告《むこく》」、または、「観音の夢告」。

行者宿報設女犯　我成玉女身被犯　一生之間能荘厳　臨終引導生極楽

「そなたが、これまでの因縁によって、たとえ女犯があっても、私（観音）が玉女の身となって、肉体の交わりを受けよう。そしてお前の一生を立派に飾り、臨終には引き導いて、極楽に生まれさせよう。これが私の誓願《せいがん》である。すべての人に説き聞かせなさい」

これが、「女犯の夢告」とか、「観音の夢告」と呼ばれているらしい。
それまでの仏教には、僧侶は一切女性には近づいてはならないという、厳しい戒律があったが、この夢告がきっかけとなり、親鸞は、後に肉食妻帯を決意したとある。これは、「すべての人間は、ありのままの姿で救われる。それが阿弥陀仏《あみだぶつ》の〝絶対的救済〟である」ということを教えた夢なのだそうだ。

「ありのままで救われる」。なるほどと思いつつ、「親鸞が、この六角堂に、籠ったことがあるのか」と思いを巡《めぐ》らせていたら、塾の始まる時間が近づいていた。気がつけば、夕立は止《や》んでいた。

我、事において後悔せず

自分の人生を
自分の持てる能力を
すべて出し切って
生きたい

「一命を捨《すつ》る時は、道具を残さず役にたてたきもの也。道具を役にたてず、腰に納めて死する事、本意に有《う》べからず」は、剣豪・宮本武蔵の言葉である。

「戦って一命を捨てるからには、持てる限りの武器を残さず役に立てたいものである。せっかくの武器を役に立てず、腰に納めたままで死ぬのは、まことに不本意というべきである」ということだろう。

武蔵自身が、自分は、なぜ二刀流を編み出したのかを、彼の著『五輪書』（地の巻、此一流二刀と名付る事）で、以上のように説明している。

武蔵が大小二刀を使った最初は、吉岡一門との決闘の三回日で、吉岡一門が、又七郎という子どもを囲んでの決闘であったかと思う。樹の陰に隠れていた武蔵が大小の刀をもって、いきなり飛び出し、又七郎の首をはね、多勢の一門に襲いかかられ、その大小二刀を使って、逃げては切り、切っては逃げた。吉岡一門が全滅したとき、袖に弓が刺さってはいたが、傷は一カ所も受けていなかったという。多分、そのときはじめて、大小二刀を使ったのではないか。

しかし、詳細は、坂口安吾の『青春論』に譲り割愛するが、武蔵の六十数回の試合で、二刀を使った試合はほとんど、ない。大抵の場合、佐々木小次郎との試合のように、そのときそのときの知略で勝っている。

それはともかく、人生も闘い。その人生の闘いにおいても、武蔵の言うように、刀ではないが、自分の持てる能力をすべて出し切って、闘い、闘い、生き抜き、勝ち抜いていくべきではあるまいか。

武蔵が、「道具を役にたてず、腰に納めて死する事、本意に有べからず」と言う通り、人生においても、生死をかける闘いにおいては、自分の能力を出し切らないことほど、口惜しいことはあるまい。

生死、いずれにしても、あのとき、ああすればよかった、こうすればよかった、と後悔する闘いはするべきではない。これも武蔵の言葉だが、「我、事において後悔せず」、生きていくことを心掛けることが、大事ではないかと思っている。

人生は、分厚い辞書を一枚一枚めくるようなものである

人生は長い

しかし
真の人生は短い

大抵の人は、毎日、睡眠の時間、食事の時間、仕事の時間、用もないお付き合いの時間、他人への嫉妬《しっと》の時間などで、日々を過ごしている。

そのような時間を合計して差し引くと、人間にとって、自分の人生の本当の時間は、どれほどあるのだろうか。一日のうち、自分を見つめ、自分を考え、自分自身と問答する時間は、どれほどあると言えるのだろうか。

人生は、分厚い辞書を一枚一枚めくるのに似ている。まだまだ、めくり終わるまでは、随分と時間があると、たいした興味もなく、浮泛《ふはん》にめくり続けているうちに、「ああ、そうだ。真剣に頁をめくり読んでいくべきだ」と気づき、心決めしたときは、気がつけば、残り数頁。

「こんなに頁をめくったっけ？」と、めくった頁を眺《なが》めながら、「いや、この辞書は、さほどの分厚さでもなかったなあ」と追思する。

最初、分厚いと思った辞書も、案外そうでもなかったと思うように、「人生は、かくも短かったのか」と、やっと気づいたときには、後の祭り、十日の菊。

「こんなに短いなら、最初から、他人との関係に心悩まさず、自分を見つめ、自分を考え、自分の納得する人生を過ごすべきであった」と、しみじみと悔恨《かいこん》する。

人は、どうやら、自分で自分の人生を短くしているのかもしれない。名誉や地位やおカネを必死に追いかけ、わずらわしい人間関係にわざわざ口出しし、他人の噂《うわさ》に興じ、他人からの評価を気にし、他人を羨《うらや》み、やっかみ、嫉妬し、あるいは、へつらいで我が身をすり減らしている。

真の人生は、そのように考えてみると、大抵の人には、確かにわずかな時間でしかないと言える。

自分自身のために時間を割き、自分で自分に目を向ける生き方をすれば、多分、人生は十分に長く、充実して、納得できる人生になるのではないかと思う。

我々は、ローマの哲学者・セネカの言う通り、「人生は長いが、真の人生は短い」（セネカ著『生の短さについて』）ということに気づき、知っておいたほうがいいかもしれない。

〈著者プロフィール〉

江口克彦（えぐち かつひこ）

1940（昭和15）年2月1日生まれ。名古屋市出身。経済学博士。

株式会社江口オフィス代表取締役、台北駐日經濟文化代表処顧問、李登輝基金會最高顧問等。また、前参議院議員、PHP総合研究所元社長、松下電器産業株式会社（現パナソニック株式会社）元理事、内閣官房道州制ビジョン懇談会座長、経済審議会特別委員、同構造改革推進部会部会長代理、大阪大学客員教授、立命館大学客員教授等を歴任。

慶應義塾大学法学部政治学科卒業後、松下電器産業株式会社に入社。PHP総合研究所へ異動。巷間、松下幸之助の側近とも、松下幸之助哲学、松下幸之助経営の伝承者とも言われている。23年間ほとんど毎日毎晩、松下幸之助と直接語り合い、その側で過ごしたという。

松下幸之助の心を伝える多数の講演、著書には定評がある。現在も講演、執筆に精力的に活動。著書に『凡々たる非凡—松下幸之助とは何か』（H&I出版社）、『正統派リーダーの教科書』『松下幸之助はなぜ成功したのか』『ひとことの力—松下幸之助の言葉』『部下論』『上司力20』（以上、東洋経済新報社）など、他80数冊。

〈装 丁〉竹内雄二
〈DTP〉沖浦康彦

最後の弟子が松下幸之助から学んだ経営の鉄則

2021年4月6日　　初版発行

著　者　江口克彦
発行者　太田　宏
発行所　フォレスト出版株式会社
〒162-0824 東京都新宿区揚場町2-18　白宝ビル5F
電話　03-5229-5750（営業）
　　　03-5229-5757（編集）
URL　http://www.forestpub.co.jp

印刷・製本　日経印刷株式会社

ISBN978-4-86680-124-7　Printed in Japan